Siegfried Hetz

Erlebnis Salzburger Land
PONGAU

AF216691

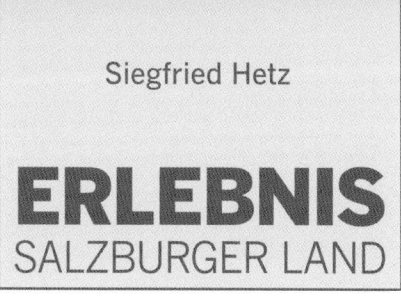

Siegfried Hetz

ERLEBNIS
SALZBURGER LAND

Band 4

PONGAU

VERLAG ANTON PUSTET

Impressum

Bibliografische Information der Deutschen Nationalbibliothek
Die Deutsche Nationalbibliothek verzeichnet diese Publikation
in der Deutschen Nationalbibliografie; detaillierte bibliografische
Daten sind im Internet über http://dnb.d-nb.de abrufbar.

© 2012 Verlag Anton Pustet
5020 Salzburg, Bergstraße 12
Sämtliche Rechte vorbehalten.

Unter Mitarbeit von Christian Wieselmayer
Lektorat: Martina Schneider
Grafik: Tanja Kühnel
Satz: Nadine Löbel
Karten: Arge-Kartografie
Druck: Druckerei Theiss, St. Stefan im Lavanttal
Gedruckt in Österreich

ISBN 978-3-7025-0671-1

Alle Routenbeschreibungen wurden von Autor und Verlag nach
gründlicher Recherche und derzeitigem Wissensstand erstellt.
Eine Haftung für die Richtigkeit der Angaben wird nicht übernommen.
Die Verwendung dieses Wanderführers erfolgt ausschließlich
auf eigenes Risiko und auf eigene Gefahr.

www.pustet.at

Bildnachweis
Cover, 61, 86 – 87: Susanne Zerbs; 42, 59: TVB Großarl; 54: Nadine Löbel; 85: Tanja Kühnel;
101: Tourismusgemeinschaft St. Veit/Schwarzach; 107: Seelackenmuseum;
108 – 109, 145: TVB Radstadt; 113: TVB Flachau; 117: Frauenalm; 124: ÖBF;
131, 134: TVB Forstau; 136, 140 – 141: TVB Filzmoos/C. Weesjes; 147: TVB Filzmoos; 149:
TVB Filzmoos/Herbert Raffalt; 151, 153: TVB Annaberg-Lungötz; 159: Sonnhof, St. Veit;
169: Arthurhaus, Familie Radacher; 179, 181: Eisriesenwelt; 182: Linda Ahammer;
190, 192, 194: TVB Werfenweng/Bernhard Bergmann.
Alle weiteren Fotos stammen aus dem Privatbesitz des Autors.

Inhaltsverzeichnis

Es sind die Überraschungen, mit denen der Pongau punktet und seine Besucher bezaubert. Die geografische Lage gibt es vor: Er ist das Herzstück des Landes und bietet eine einzigartige Vielfalt, die ihresgleichen sucht. Wer den Pongau nur als Transitstrecke nutzt, ob von Nord nach Süd oder von West nach Ost, kann kaum mehr als enge Straßenverläufe und beidseits aufragende Bergflanken wahrnehmen. Ähnliches erlebt der Reisende im Zug oder auf der Autobahn. Die Devise heißt demnach: abzweigen und in die Täler fahren oder hinauf auf die Terrassen und den Talboden verlassen, um dessen kargen Platz sich Fluss, Straße und Bahntrasse reißen.

Auf dem Weg von der Stadt Salzburg ins Innergebirg brodeln unten die Salzachöfen, darüber wacht die Festung Hohenwerfen, und viel weiter oben öffnet sich im Tennengebirge das Tor in die Eisriesenwelt. Bischofshofen, hauptsächlich bekannt als Bahnknotenpunkt und Austragungsort der Vierschanzentournee, ist einer der ältesten Kirchenorte des Landes. Der Hochkönig ist ohnedies eine Welt für sich und auf den Terrassen der Schieferalpen strahlen Goldegg und St. Veit mit der Sonne um die Wette. Der einst schillernde Kurort Bad Gastein ist auch heute noch ein Kosmos für sich, und der Talschluss in Hüttschlag ist einer der schönsten in den Hohen Tauern. Mit dem Ennsursprung in den Niederen Tauern kommt neben der Salzach ein zweiter wichtiger Fluss ins Spiel, an dem kulturhistorisch bedeutende Orte liegen. Darunter der Wallfahrtsort Altenmarkt im Pongau und Radstadt, die alte Stadt in den Bergen, die Raststätte – daher auch der Name – vor dem Weg über den Tauern. Und im Nordosten thront die Bischofsmütze.

Der Wert einer Wanderung bemisst sich nicht nach der Länge ihrer Route und auch nicht nach ihrem Ziel. Erfüllung bietet die 20 Kilometer lange Tour im Hochgebirge gleichermaßen wie der Kulturspaziergang über eine Strecke von 4 Kilometern. Dieser Band richtet sich wie die gesamte fünfbändige Reihe „Erlebnis Salzburger Land" wieder an alle, die Freude an der Bewegung haben und sich von der Lust aufs Entdecken antreiben lassen.

Die 55 beschriebenen Touren, Ausflüge und Wanderungen sind zwar eine subjektive Auswahl, doch eignen sie sich bestens, um in der Zusammenschau den Bezirk St. Johann im Pongau, wie der Pongau als politische Einheit heißt, mit all seinen Besonderheiten erstmalig kennenzulernen oder aus einer neuen Perspektive zu betrachten. Dafür wurde der zweitgrößte unter den fünf Salzburger Gauen in sechs Regionen eingeteilt: Gasteiner Tal, St. Johann mit Großarl- und Kleinarltal, Salzburger Sonnenterrasse mit Goldegg, St. Veit und Schwarzach, Ennspongau, Fritztal und das Salzachtal zwischen Bischofshofen und Werfen. Für jede dieser Regionen sind Vorschläge zu Halbtagesausflügen, ganztägigen Wanderungen – ob zu Fuß oder mit dem Fahrrad – beschrieben. Je nach Region sind auch Vorschläge für Zweitagestouren mit Übernachtung auf einer Hütte oder Alm enthalten.

Ergänzend findet sich am Ende des Wanderführers eine Beschreibung der durch den Pongau führenden großen Wander-, Pilger- und Radwege.

Wer im Pongau unterwegs ist, hat unweigerlich mit den Bergen zu tun. Und wer in die Berge geht, muss wissen, dass der Berg erst dann als bezwungen gilt, wenn man wohlbehalten wieder im Tal angekommen ist. Deshalb ist es für die eigene Sicherheit und auch für die anderer unerlässlich, dass Zeit und Energie aufeinander abgestimmt und gut eingeteilt werden. Es ist nicht Besserwisserei, wenn Einheimische, insbesondere Hüttenwirte, Ratschläge und Tipps geben oder Warnungen aussprechen. Sie nicht zu befolgen, könnte im Ernstfall lebensbedrohlich werden.

Neben einer guten Kondition ist ideales Wanderwetter ein weiterer Faktor für das gute Gelingen einer Bergtour. Wetterumstürze sind zwar nicht zu vermeiden, aber man kann sich auf sie vorbereiten. Zu einer optimalen Wanderausrüstung zählen deshalb neben bergtauglichen Schuhen vor allem Schutz gegen Nässe, Schnee und Kälte. Neben einem eingeschalteten Mobiltelefon darf auch ausreichend Proviant nicht fehlen. Wer mit Kindern unterwegs ist, muss doppelt gut vorbereitet sein.

Wandern im Pongau bedeutet in vielen Fällen Almwandern. Dabei kommt es oft zu Begegnungen mit Almvieh. In den meisten Fällen funktioniert das Miteinander von Mensch und Tier reibungslos. Wanderer sollten einen allzu engen Kontakt meiden, jedenfalls auf Berührungen verzichten.

Alpine Landschaften bedürfen eines besonderen Schutzes, deshalb sollte, wann immer möglich, auf Wanderbusse oder auf das Nationalpark-Taxi zurückgegriffen werden. Neben den Vorschriften für den Nationalpark Hohe Tauern und die jeweils ausgewiesenen Naturschutzgebiete gilt der besondere Schutz allen Tieren und Pflanzen. Bleiben Sie auf den bezeichneten Wegen und befolgen Sie die entsprechenden Vorschriften!

Den Pongau erleben und entdecken

Der Pongau profitiert topografisch vom Luxus der Mitte. So reicht eine Hand nicht aus, um die Gebirgszüge aufzuzählen, die den Gau an Salzach und Enns prägen. Hagen- und Tennengebirge nehmen den nördlichen Teil förmlich in die Zange. Südlich davon liegt der Hochkönigstock als grandioser Solist, während noch weiter südlich die Salzburger Schieferalpen salutieren und mit ihren östlichen Ausläufern zum Dachstein-Massiv hinüberwinken, dessen westliche Flanke den Pongau begrenzt. Im Alpenhauptkamm schließen die Hohen und Niederen Tauern mit prächtigen Tälern den Pongau nach Süden hin ab. Ungezählte Gräben, Almen, Kare und Gipfel – sanfte Hügel wie schroffe Spitzen – gilt es zu erkunden und zu erklimmen.

Nach dem Pinzgau ist der Pongau mit 1755 Quadratkilometern der zweitgrößte Bezirk des Salzburger Landes und zählt zu den flächenmäßig größeren Bezirken Österreichs. Er grenzt im Norden an den Tennengau, im Nordwesten an das bayerische Berchtesgaden und mit dem Bezirk Gmunden nordöstlich des Gosaukamms an Oberösterreich. Südlich davon verläuft die Grenze zur Steiermark, an die sich die zum Lungau anschließt. Im Südwesten grenzt der Pongau auf einer kurzen Strecke entlang des Tauernhauptkamms an Kärnten. Die 25 Gemeinden verteilen sich über den Salzachpongau, der etwa zwei Drittel der Gesamtfläche einnimmt, und den Ennspongau, der durch die Becken von Altenmarkt und Radstadt bestimmt wird, und von wo aus sich die Täler in die Niederen Tauern ziehen.

Es waren die landschaftlichen Gegebenheiten, die die Grenzen der Salzburger Gebirgsgaue schon früh definierten und sie als unverrückbar erscheinen ließen. Tatsächlich hat sich im Pongau über viele Jahrhunderte nichts an den Grenzverläufen geändert. Nach dem Verlust der Eigenstaatlichkeit des Fürsterzbistums Salzburg und während der ersten kurzen Zugehörigkeit zu Österreich musste der Pongau das Lammertal an den Salzburggau abtreten. Dieser bestand bis 1896 aus den heutigen Bezirken Hallein und Salzburg-Umgebung, sprich aus dem Tennengau und dem Flachgau. Der Pongau war wie der Pinzgau bis 1328, als Erzbischof Friedrich III. von Leibnitz eine eigene Landesverfassung herausgab und damit die Unabhängigkeit Salzburgs unterstrich, Teil des Herzogtums Bayern. Als in Pongo, dem heutigen Bischofshofen, im Jahr 711 n. Chr. mit der Maximilianszelle, der *Cella Maximiliana*, das erste Kloster im späteren Land Salzburg gegründet wurde, geschah dies nicht zufällig. Durch den Kupferbergbau, dessen Anfänge auf die Zeit zwischen 2500 und 2000 v. Chr. zu datieren sind, war die Gegend schon in vorchristlicher Zeit von strategischer Bedeutung. In Bischofshofen kreuzen sich die Wege seit jeher. Mit dem Bau der Eisenbahnen und dem Ausbau des Straßennetzes sind die Verkehrswege quasi von den vorgerückten Höhenzügen in die Talsohle gerutscht. So hat Schwarzach überhaupt erst durch den Bau der Giselabahn, die Verbindung von Salzburg über Zell am See nach Innsbruck, und einige Jahre später dem Bau der Tauernbahn durch das Gasteiner Tal Bedeutung erlangt. Wie das gesamte Land Salzburg – so litt auch der Pongau unter der Auflösung des Kirchenstaates und dem Verlust der Souveränität

zu Beginn des 19. Jahrhunderts. Seit Gründung der Bezirkshauptmannschaften ab dem Jahr 1848 war Werfen der Sitz der
Bezirksverwaltung, die dann nach St. Johann im Pongau verlegt
wurde.

Die Geschichte wie die Geschicke des Pongaus sind eng mit der
Geschichte seiner Transitrouten verknüpft. Auf den Wegen, auf
denen schon Kelten, Römer, Bajuwaren und Slawen unterwegs
waren, kamen in der frühen Neuzeit vermehrt Protestanten in
den Pongau, von denen viele als „Facharbeiter" im Bergbau tätig waren. Sie brachten die Lehre Luthers in die Täler, die von
vielen Bauern begierig aufgenommen wurde, welche auf Verbesserung ihrer wirtschaftlichen und sozialen Verhältnisse
hofften. Die Wurzeln der Bauernaufstände, die im Gasteiner Tal
ihren Anfang nahmen, lagen in den Schriften der Lutheraner,
wie die Dissidenten von katholischer Seite genannt wurden.
Ab Mitte des 16. Jahrhunderts kam es laufend zu erzwungenen
Ausweisungen von Protestanten. Eine Reihe von wirtschaftlich
weitgehend unabhängigen Familien verließ das Land freiwillig.
Als die Stürme der Gegenreformation bereits abgeebbt waren, schwang sich Fürsterzbischof Leopold Anton Freiherr von
Firmian auf, dem Katholizismus wieder zu einstiger Stärke und
Macht zu verhelfen. Im Zuge dieser auch für die damalige Zeit
rückwärtsgewandten Religionspolitik mussten an die 20 000
Protestanten – viele davon aus dem Pongau – das Land verlassen. Die Hälfte von ihnen fand in Ostpreußen eine neue Heimat und mit dem preußischen König Friedrich Wilhelm I. einen
neuen Schutzherrn. Firmian hat damit eines der düstersten Kapitel des unabhängigen Fürsterzbistums geschrieben.

Auf alten Wegen, allerdings mit neuen Verkehrsmitteln, kamen
ab der Belle Époque Kurgäste und Sommerfrischler in die Pongauer Täler und legten mit ihren Ansprüchen an eine standes-
gemäße kulinarische Versorgung den Grundstein dafür, dass im
Pongau einige der weltbesten Köche beheimatet sind, darunter
mit Johanna Maier auch die derzeit einzige Vier-Hauben-Köchin
der Welt. Die Durchlässigkeit einer Gegend im topografischen
Sinn übt nachhaltigen Einfluss auf ihre kulturelle Entwicklung
aus. Es ist vor allem der Austausch von Gedanken und Gütern,

der Kultur lebendig erhält, wachsen und sich verfeinern lässt. Weltmeister sind die Pongauer allerdings nicht nur in Sachen kulinarischer Höhenflüge. Dass seit den späten 1960er-Jahren, als Annemarie Moser-Pröll ihre einzigartige Skikarriere begann, immer wieder Ausnahme-Rennläufer wie Hermann Maier, Michael Walchhofer oder Andrea Fischbacher – um nur einige zu nennen – vom Pongau aus die Medaillen-Welt eroberten, erzählt auch viel über die Gegend und ihren Lebensgeist.

Mit der Festung Hohenwerfen begrüßt seit über 900 Jahren eine imposante Wacht an der Salzach die Reisenden, die vom Norden her in den Pongau kommen, der über viele Jahrhunderte auch ein beliebtes Jagdgebiet der regierenden Fürsterzbischöfe und der Herren von Chiemsee war. Schlösser und Jagdhäuser wie das versteckte Schloss Blühnbach oder das Jagdhaus am Jägersee in Kleinarl sind architektonische Zeugen aus dieser Zeit der Feudalherrschaft. Die Schlösser Goldegg und Schernberg, das Weitmoser Schlössl im Gasteiner Tal, Schloss Höch in Reitdorf und Tandalier in Radstadt sind typische Salzburger Ansitze – zumeist von vermögenden Gewerken oder Grafengeschlechtern erbaut. Im Kontrast dazu stehen die Wehrburgen an Taleingängen, von denen aber kaum mehr als Ruinen übrig sind. Tonangebend für die Kulturlandschaft des Pongaus an Salzach und Enns sind jedoch die stattlichen Bauerngehöfte.

Dass der Massentourismus vor allem in den Skigebieten der Landschaft einen nachhaltigen Stempel aufgedrückt und unübersehbare Wunden zugefügt hat, ist dem unbändigen Drang der Tourismus-Gründerväter geschuldet, die bei der Ausbeutung der Natur keine Grenzen akzeptieren wollten, ging es doch zum ersten Mal darum, aus der Natur mehr herauszuholen als nur die Grundnahrungsmittel, die zum Überleben notwendig waren. Mittlerweile herrscht weitgehend Einigkeit darüber, dass die Natur als intakte Umwelt und als organisches Miteinander von Menschen, Tieren und Pflanzen die größte Ressource des Pongaus darstellt. Der behutsame Umgang damit ist fast schon zur Selbstverständlichkeit geworden und will als Einladung für die nächste Wandertour verstanden werden.

Auch der
Gesundheit
zuliebe

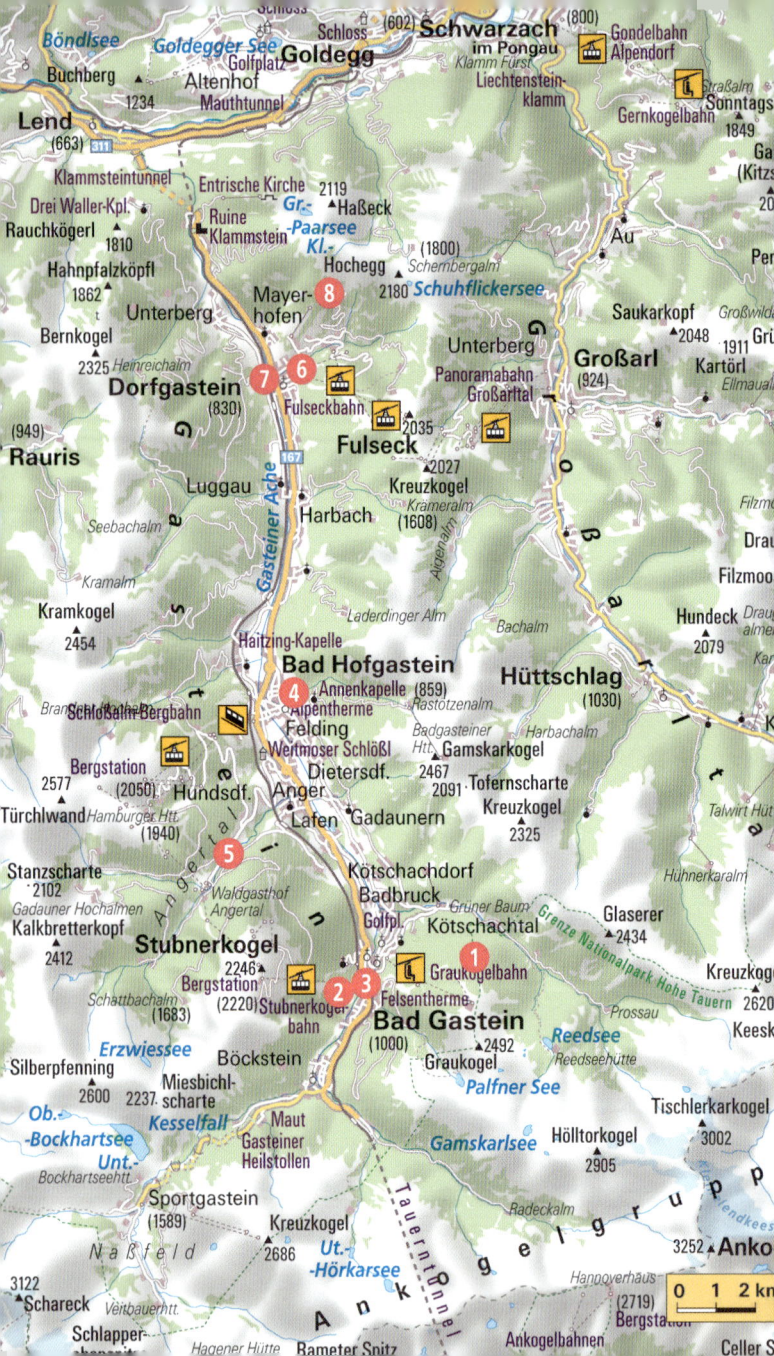

Unterwegs im Gasteiner Tal

Das Gasteiner Tal ist mit einer Länge von 40 Kilometern das längste der Tauerntäler. Es grenzt im Westen an das zum Pinzgau gehörende Rauriser Tal und im Osten an das Großarltal, mit dem der Reigen der imposanten Täler in den Hohen Tauern seinen Abschluss nimmt. Das Gasteiner Tal existierte über viele Jahrhunderte hinweg als abgeschlossener Kosmos und war dementsprechend bis ins ausgehende 20. Jahrhundert sogar ein selbstständiger Gerichtssprengel. Es ist auch noch gar nicht so lange her, dass es umgangssprachlich „in die Gaschtein" hieß, wenn von einer Fahrt ins Gasteiner Tal die Rede war.

In einem spannenden Kontrast zur seinerzeitigen Abgeschiedenheit steht die Tatsache, dass es heute mit knapp 13 000 Einwohnern – verteilt auf die drei Gemeinden Bad Gastein, Bad Hofgastein und Dorfgastein das am dichtesten besiedelte Tal in den Hohen Tauern ist. Das hat einerseits mit der Geschichte des Goldbergbaus und dem Heilbad zu tun und andererseits mit der weitgehend sanften Landschaft. Hatte man (bis 1975 der Klammsteintunnel in Betrieb genommen wurde) die enge Straße durch die Klamm überwunden, zog sich das Tal, das bei Bad Hofgastein seine breiteste Ausdehnung hat, fast gemächlich in Richtung Süden auf den Tauernhauptkamm zu. Erst vor dem einstigen Wildbad nahm die Steigung dann deutlich zu. Wie sehr, das macht die Gasteiner Ache auf dramatische Weise deutlich, denn die beiden Katarakte, über die sie mitten durch den Ort donnert, sind insgesamt 150 Meter hoch. Bleibt man genau, ist hier ja noch von der Nassfelder Ache zu sprechen, die sich aus Quellen am Weinflaschenkogel und am Schlapperebenkees auf 2400 Meter speist. Erst nachdem sie den Anlaufbach und später noch den Kötschachbach aufgenommen hat, wird sie zur Gasteiner Ache, die nördlich des Klammsteins in die Salzach mündet. Ehe sie in Bad Gastein den Hotelbauten der ausgehenden Belle Époque die Aufmerksamkeit streitig macht, ist sie in der Ortschaft Böckstein, die zum Einzugsgebiet der Gemeinde Bad Gastein zählt, bereits über den Kessel-, Bären- und Schleierfall gerauscht. Diese Wasserfälle erlebt man hautnah, wendet man sich entlang der alten Nassfelder Straße taleinwärts. Wenn die Ache abschließend durch die 4 Kilometer lange Klamm rauscht, lässt sie noch einmal ihre Muskeln spielen.

Die Übergänge von der Kärntner Seite über Mallnitz ins Nassfeld und über den sogenannten Korntauern ins Anlauftal wurde schon von den Römern und höchstwahrscheinlich sogar noch früher begangen. Trotz dieser „traditionellen" Tauernübergänge wurde das Tal nicht von den Römern besiedelt. Es darf jedoch davon ausgegangen werden, dass schon damals die warmen Quellen bekannt waren. Ab dem 9. Jahrhundert kamen Baiern und Slawen ins Tal. Die erste urkundliche Erwähnung findet sich im Jahr 963 n. Chr., als der Name *Gastuna* vermerkt ist. Auch der Vorgängerbau der heutigen Kirche in Bad Hofgastein geht auf das ausgehende 9. Jahrhundert zurück. 1218 fiel das Gasteiner Tal an die

Herzöge von Baiern, die es ihrerseits 1297 als Provinz *Castuna* an den Salzburger Erzbischof verkauften.

Nur wenige Jahrzehnte später, nämlich 1327, wurden die Quellen von Gastein als Trinkkurwasser erstmals erwähnt und 1430 machte Paracelsus auf das Heilwasser aufmerksam. Als während der Gründerzeit die an die Felsen gebauten vielstöckigen Hotelpaläste bezogen wurden, die stellenweise den Eindruck erwecken, als seien Ringstraßen-Palais an die Gasteiner Ache versetzt worden, hielten auch Luxus, glanzvolles Leben und rauschende Vergnügungen Einzug ins Tal. Doch der Zauber war nur von kurzer Dauer, denn mit Ausbruch des Ersten Weltkrieges, der Zerschlagung der Monarchie und den entsprechenden wirtschaftlichen Folgen war der Niedergang unweigerlich eingeläutet. Selbst der Bau der Tauernbahn von Schwarzach-St. Veit nach Spittal an der Drau, deren erster Abschnitt auf Salzburger Seite 1905 eingeweiht wurde, konnte der Entwicklung nichts entgegenhalten. Heute präsentiert sich selbst der Abglanz der großen Zeit als eine Kulisse, die mit stumpfem Firnis überzogen ist. Bis auf einige rühmliche Ausnahmen schaffen es die einst großen Häuser nicht, das vor der Haustür liegende Potenzial zu nutzen, um Bad Gastein wieder zu einem Weltort in Sachen Gesundheit zu machen, die nicht nur ein kostbares Gut ist, sondern als solches auch mehr denn je das Bewusstsein der Menschen prägt. Auf die individuelle Gesundheit zu achten

und entsprechende Vorsorge zu treffen, gehört zumindest für jüngere Generationen zum modernen Lifestyle. Warum also nicht aus Gastein ein Kompetenzzentrum für Information und Prävention in Sachen Gesundheit machen?

Dazu, dass das Gasteiner Tal zu dem am stärksten besiedelten Tal in den Hohen Tauern wurde, hat selbstverständlich auch der Goldbergbau das Seinige beigetragen. Schließlich lebten zur Blütezeit des Goldabbaus an die 6000 Menschen im Tal, wobei viele Knappen von auswärts Anhänger des lutherischen Glaubens waren. Weil die Knappen als Facharbeiter für den Bergbau unverzichtbar waren, blieb das Gasteiner Tal von erzwungenen Protestanten-Emigrationen weitgehend verschont. Was in den Goldlagerstätten im hinteren Nassfeld und am Bockhartsee an Erzen abgebaut wurde, kam zur Verhüttung ins hintere Angertal. Obwohl in den besten Jahren über 800 Kilogramm Gold und mehr als 2700 Kilogramm Silber gewonnen werden konnte, kam der Goldbergbau im ausgehenden 17. Jahrhundert bereits wieder zum Erliegen. Das Anwachsen der Gletscher erschwerte die Zugänge zu den Stollen, und es kam wegen der Goldgewinnung in der neuen Welt zu einem Preisverfall. Alle späteren Versuche, den Goldbergbau wieder zu aktivieren, waren zum Scheitern verurteilt. Die Geschichte des Gasteiner Goldbergbaus ist im Montanmuseum Altböckstein dokumentiert. Daneben liegt der Eingang in den Heilstollen, der sozusagen als Abfallprodukt des zeitlich letzten Versuchs, in Gastein nach Gold zu graben, entstanden ist. Die Erzadern waren zwar taub, dafür wurde jedoch eine überdurchschnittlich hohe Radonkonzentration gemessen. In den frühen 1950er-Jahren wurde der Gasteiner Heilstollen eingerichtet, dessen Heilwert aus der Kombination von Radon, Wärme und Luftfeuchtigkeit besteht und besonders bei Erkrankungen des Bewegungsapparats sowie der Atemwege und der Haut indiziert ist. Das radioaktive Element Radon wurde im Jahr 1900 von dem deutschen Physiker Friedrich Ernst Dorn entdeckt. Es gilt bis heute als der Bestandteil der Luft, der am seltensten in ihr vorkommt. Radon soll das menschliche Immunsystem stimulieren und dadurch den Verlauf von Krankheiten lindern.

Über den Reedsee auf den Graukogel

Ein Berg, der Skigeschichte geschrieben hat

- **Tourcharakter:** Tagestour
- **Ausgangs- und Endpunkt:** Bad Gastein, Talstastation Graukogel-Sessellift
- **Weglänge:** 14 km
- **Gesamtdauer:** 7 h
- **Höhenunterschied:** 1250 hm
- **Besonderheit:** Ruheinseln im Zirbenwald

Der Graukogel gilt mit seinen 2492 Metern als einer der schönsten Aussichtsberge des Gasteiner Tals. Der Panoramablick in das Zentralmassiv der Hohen Tauern geht von der Hochwildspitze über Schareck und Sonnblick bis zum Großglockner. Zumindest für Nostalgiker ist der Graukogel aber auch ein beliebter Skiberg, und als solcher hat er auch Geschichte geschrieben. Es waren die in den 1950er-Jahren auf dem Graukogel ausgetragenen „Silberkrugrennen", die die Skiwelt auf Bad Gastein aufmerksam machten und den einst mondänen Kurort zum Austragungsort der Ski-Weltmeisterschaft 1958 qualifizierten. Wie schon 1956 bei den Olympischen Spielen in Cortina d'Ampezzo war Toni Sailer auch auf dem Graukogel mit drei Gold- und einer Silbermedaille der große „Abräumer". Die Radstädterin Josefa Frandl, Putzi genannt, holte Silber im Slalom und mit dem 5. Platz in der Abfahrt auch noch Bronze in der Alpinen Kombination. Das Besondere an dieser ersten nach dem Zweiten Weltkrieg in Österreich ausgetragenen Ski-Weltmeisterschaft war auch, dass sie live im Fernsehen übertragen wurde. Anlässlich des 50-Jahr-Jubiläums wurde in der Nähe der Bergstation des Sessellifts eine Gedenktafel für die aus österreichischer Sicht sehr erfolgreiche Weltmeisterschaft enthüllt.

Die Tagestour beginnt beim Parkplatz an der Talstation des Graukogel-Sessellifts, von wo wir in nordöstlicher Richtung bis zum Hoteldorf Grüner Baum gehen. Nach dem Hoteldorf erwartet uns zuerst ein halbstündiger Fußmarsch durch das Kötschachtal, bis wir den gleichnamigen Bach überqueren und noch ein gutes Stück an seinem Ufer entlangspazieren. Beim Jägerstein findet sich dann die Abzweigung zum Aufstieg mit der Nr. 526, der durchaus steil beginnt, aber mit gutem Schuhwerk leicht zu bewältigen ist. Nach knapp eineinhalb Stunden geht es flach durch den Fichten- und Zirbenwald weiter, bis wir unvermittelt vor dem auf 1831 Meter liegenden Reedsee stehen, der deshalb so idyllisch wahrgenommen wird, weil er zwischen Bäumen und Felsen eingebettet liegt und sich die Berge in ihm spiegeln. Nach einer verdienten Verschnaufpause in der Reedseehütte geht es hinauf zum Seekarl, dann zur Hafnerscharte und von dort weiter auf dem Dr.-Hermann-Greinwald-Weg südlich um den Gipfel des Graukogels herum. Schließlich erreichen wir über den Weg Nr. 527 in nordwestlicher Richtung die Bergstation des Graukogel-Sessellifts. An dieser Stelle biegen wir in den Zirbenweg ein, der in einem mehrere Jahrhunderte alten Zirbenbestand angelegt wurde. Der Weg führt an knorrig-bizarren Vertretern dieser Baumart, die zur Familie der Kieferngewächse zählt vorbei. Er leitet außerdem zu Ruheinseln, wo die Herzschlag senkende Wirkung des Zirbenholzes gleich mitten im Wald ausprobiert werden kann. Den Rückweg ins Tal ersparen wir uns und nehmen dafür den Sessellift in Anspruch, von dem aus wir einen Blick durch das Tal hinaus genießen und ein weiteres Mal fasziniert über die „städtische" Kulisse Bad Gasteins staunen.

Vom Stubnerkogel zum Bockhartsee

Zwischen Hängebrücke und Goldbergbau

- **Tourcharakter:** Tagestour
- **Ausgangspunkt:** Bad Gastein, Talstation der Stubnerkogelbahn
- **Endpunkt:** Bushaltestelle Sportgastein
- **Weglänge:** 9 km
- **Gesamtdauer:** 5,5 h
- **Höhenunterschied:** 270 hm (Anstieg), 900 hm (Abstieg)
- **Besonderheit:** Aussichtsplattform und Hängebrücke

Der 2264 Meter hohe Stubnerkogel ist ein wahrer Tausendsassa: im Winter der beliebte Skiberg mit Anschluss ins Angertal und im Sommer der schnell und bequem zu erreichende Aussichtsberg, von wo sich der Blick nicht nur auf den Tauernhauptkamm und im Speziellen zum Großglockner richtet, sondern nach Norden hin auch zum Steinernen Meer, zum Dachstein und weiter zum Hochkönig. Seit 2011 zeigt sich der Stubnerkogel auch noch von seiner abenteuerlichen Seite, wurden doch auf dem Gipfel im Zuge der Seilbahn-Erneuerung zwei „Berg-Attraktionen" errichtet, die dazu animieren, den Spruch von der luftigen Höh' am eigenen Körper zu spüren. Von der Aussichtsplattform geht der Blick – hebt man ihn – in Richtung Großglockner, senkt man ihn – in die bodenlose Tiefe. Noch luftiger ist die Erfahrung beim Betreten der 140 Meter langen Hängebrücke, die zwischen der Bergstation und der Senderanlage gebaut wurde. Auf ihr schwebt man knapp 30 Meter über dem Boden, was dem Bergerlebnis einen weiteren Kick gibt. Und wer fürs Wohlbefinden einen „kurzen Auslauf" mit einer spürbaren Menge an Höhenmetern braucht, wird den Anstieg entlang der Seilbahn in 2 Stunden schaffen.

Der beliebte Aussichtsberg ist darüber hinaus aber auch ein idealer Ausgangspunkt für eine Bergwanderung, die über den Zitterauer Tisch zum Bockhartsee und weiter nach Sportgastein führt. Der Untere Bockhartsee, dessen ursprünglicher Name Pochkarsee auf den Bergbau verweist, präsentiert sich heutzutage als Stausee des Pumpspeicherkraftwerks Nassfeld. Dessen Ursprünge gehen auf die Jahre vor dem Ersten Weltkrieg zurück, als das von Dipl. Ing. Karl Imhof geplante Tiefenaufschlussprogramm im Gasteiner Goldbergbau in Angriff genommen wurde. Den dafür benötigten Strom lieferte das sukzessive ausgebaute Kraftwerk. Die politischen und wirtschaftlichen Verhältnisse waren im damaligen Österreich aber keinesfalls günstig, sodass sich der Bau des 5 Kilometer langen Stollens vom hinteren Naßfeld nach Kolm Saigurn über einen Zeitraum von mehr als 30 Jahren erstreckte. Obwohl im August 1944 auf Befehl des Reichswirtschaftsministeriums das Aus für das Bergwerk kam, wurde der Stollen dennoch fertiggestellt, sodass im Jänner 1945 der erste Mannschaftszug den Tunnel passieren und in Kolm Saigurn auf einer Höhe von 1656 Meter den Berg verlassen konnte. Der Versuch in den 1990er-Jahren, den Stollen touristisch zu nutzen, scheiterte.

Die Wanderung beginnt etwas unterhalb und südlich der Erlebnisplattform „Glocknerblick" und geht leicht abwärts in Richtung Hirschkar. Nach einer guten halben Stunde kommen wir zur Zitterauer Scharte hinunter, die auf 2163 Meter liegt. Der anschließende Aufstieg führt uns über einen Steig in Richtung Tischkogel. Nach etwa der halben Strecke achten wir auf eine Abzweigung, die rechter Hand auf den Wanderweg Nr. 132, den Otto-Reichert-Weg, hinweist. Über diesen etwa 1,5 Kilometer langen Höhenweg kommen wir zuerst zum Ortbergschartl, wo sich die beiden Routen wieder vereinen. Weiter geht es am 2401 Meter hohen Ortberg vorbei zur Miesbichlscharte, von wo aus wir nach etwa einer halben Stunde beim Unteren Bockhartsee ankommen. Ehe wir die letzte Etappe nach Sportgastein in Angriff nehmen, kehren wir in der gemütlichen Bockhartseehütte ein.

Anschließend machen wir uns wieder auf den Weg nach Sportgastein. Von dort geht es dann mit dem Bus zurück nach Bad Gastein und zum Parkplatz der Stubnerkogelbahn.

 Die Bockhartseehütte ist ein beliebtes Ausflugsziel auf 1950 m im Herzen der Hohen Tauern und Ausgangspunkt für viele Wanderungen. In der gemütlichen Gaststube wird ein hervorragendes Wildragout serviert. Keine Übernachtung. Mitte Juni bis Mitte Oktober täglich von 10 – 17 Uhr geöffnet, außer bei besonders schlechter Witterung.

Bockhartseehütte, Nassfeld 14, 5645 Böckstein,
Tel. 0664/1832218 oder 0664/1815315,
hotel-schider@aon.at, www.hotel-schider.at
mit Link zur Bockhartseehütte

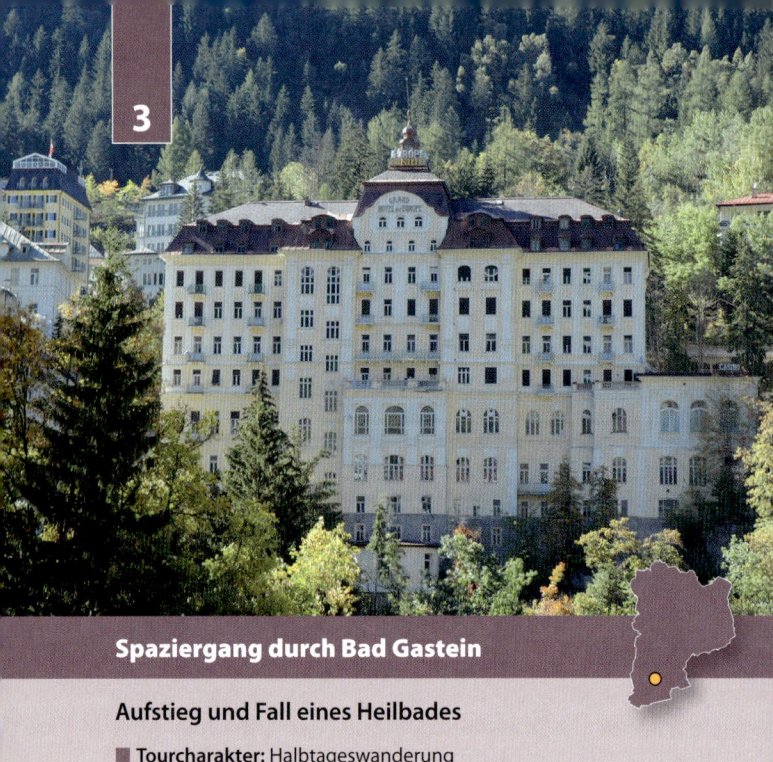

3

Spaziergang durch Bad Gastein

Aufstieg und Fall eines Heilbades

- **Tourcharakter:** Halbtageswanderung
- **Ausgangs- und Endpunkt:** Bahnhofsvorplatz, Bad Gastein
- **Weglänge:** 5 km
- **Gesamtdauer:** 3 h
- **Höhenunterschied:** 200 hm
- **Besonderheit:** Imposante Kulisse mit Wasserfall

Anna Maria Mozart kurte in Gastein, ehe sie mit Nannerl und Wolfgang Amadé schwanger wurde. Sissi, Kaiserin von Österreich und Königin von Ungarn, kam, um ihrem ramponierten Körper Gutes zu tun und hielt in Gedichtzeilen fest, dass die Kur auch Balsam für ihre waidwunde Seele war, wenngleich sie Zweifel hegte, ob sie jemals wieder genesen würde. „Vernarben mag's, doch ob es je gesundet?", heißt es im O-Ton, der stark an die Gartenlauben-Lyrik der Hedwig Courths-Mahler erinnert. Franz Joseph I., der kaiserliche

Gemahl, weilte selbstverständlich auch im ehemaligen Wildbad, genauso wie Erzherzog Johann, der lange an einem offenen Armbruch laborierte, was angeblich in Gastein geheilt werden konnte. Keine Werbung könnte besser wirken, und so gaben sich europäischer Hochadel, Geldaristokratie, Industriellenfamilien, Schriftsteller und Komponisten beinah die Klinke in die Hand und bestimmten den Ton in Gastein, das in der zweiten Hälfte des 19. Jahrhunderts rasch zum weltweit mondänsten Kurort emporstieg, von dem die Bewohner des Tals jedoch weitgehend ausgeschlossen waren. Die bäuerliche Bevölkerung durfte den Ort erst gar nicht betreten, und das Personal hatte seine Wege möglichst unauffällig über Dienstbotenstiegen und die entsprechenden Gänge und Türen zu erledigen. In ihrem Hoheitsgebiet wollten die Hoheiten so weit wie möglich unter sich bleiben.

Unter sich zu sein, war man gewohnt, und das sollte sich auch während der Kur nicht ändern. Außerdem galt es, die Gunst der Stunde zu nutzen, um Politik zu machen und Geld zu verdienen. Ein Beispiel dafür ist die sogenannte Gasteiner Konvention, die 1865 im „Straubinger", dem damals angeblich besten Hotel der Welt, ausgehandelt und auf Zimmer Nummer 7 unterschrieben wurde. Vordergründig ging es dabei um die nach dem Deutsch-Dänischen Krieg notwendig gewordene Aufteilung der Herrschaft über die Elbherzogtümer Schleswig, Holstein und Lauenburg zwischen Preußen und Österreich. In Wahrheit wurde aber bereits heftig um die Vorherrschaft im Deutschen Bund und um die zukünftige Rolle Preußens gekämpft. Der Vertrag wurde von Seiten Preußens gebrochen, es kam zur Schlacht bei Königgrätz, Österreich verlor und Preußen stieg auf. Aus dem König wurde 1871 der deutsche Kaiser Wilhelm I., der zwischen 1863 und 1887 als treuester Kurgast von Gastein galt. Nur 1866, im Jahr der Schlacht bei Königgrätz, blieb er zu Hause in Berlin.

Unser Spaziergang durch das historische Gastein beginnt vor dem Bahnhof, wo nur wenige Meter entfernt das vom Salzburger Architekten Gerhard Garstenauer gebaute Felsenbad steht, das in den 1960er-Jahren als sehr gelungene Konstruktion aus

Glas, Stahl und Felsen gefeiert wurde. Nach einem Umbau wurde aus dem Felsenbad die Felsentherme. Vom Bahnhof spazieren wir auf der Kaiser-Franz-Josef-Straße in nördlicher Richtung, bis wir zum Mozartplatz kommen, wo die Straße eine 180-Grad-Wendung macht. Nach wenigen Metern türmt sich sich bereits das ehemalige Hotel de l'Europe auf, in dem zurzeit neben dem Casino auch das Gasteiner Museum untergebracht ist. Die erste glänzende Epoche dieses Grand Hotels war äußerst kurz, denn es war wegen der einfachen Fenster für den Winterbetrieb nicht geeignet. Eine kurze Renaissance erlebte das Haus in den 1980er-Jahren, als hier sogar Liza Minelli auftrat. Kurz nach dem Hotel – wir bleiben auf der Kaiser-Franz-Josef-Straße – erreichen wir den Kongressplatz, wo zur Linken eine Betonruine ins Auge sticht – das von Gerhard Garstenauer gebaute ehemalige Kongresszentrum, das auf einem Platz steht, den es eigentlich gar nicht gab. Denn wo dereinst eine schmale Wandelhalle stand, wurde ein konstruktivistischer Betonbau an den Felsen „gehängt", der sich ganz im Stil der frühen 1970er-Jahre dadurch charakterisiert, dass die Konstruktion des Gebäudes ein wichtiger ästhetischer Bestandteil ist. Vergleiche mit dem Centre Georges Pompidou im 4. Arrondissement in Paris, das 1977 eröffnet wurde, stellen sich wie von selbst ein. Seit 2007 ist der Komplex dem Verfall preisgegeben.

Wir wandern in südöstlicher Richtung weiter und kommen nach den Kolonnaden auf den Straubingerplatz, der aktuell klaffenden Wunde im Ort. Direkt neben dem Wasserfall steht das ehemalige Hotel Straubinger, von dem Billy Wilder als armer Untermieter in Berlin träumte, wenn in der Wohnung wieder einmal nichts funktionierte. Als sich der Traum dann später erfüllte und er im Hotel logierte, war das Glück keinesfalls perfekt, denn er konnte wegen des rauschenden Wasserfalls nicht schlafen. Das Hotel, das über Jahrhunderte der Familie Straubinger gehörte, ist derzeit wie das Badeschloss, das Gebäude der Post und das dem Hotel gegenüberliegende „Austria" im Besitz eines Wiener Immobilienspekulanten, der die Gebäude verfallen lässt. Das Badeschloss wurde von Fürsterzbischof Hieronymus Graf Colloredo als erster profaner Steinbau im Ort erbaut. Kaiser Franz Joseph erwarb auf

Ersuchen von Carl Straubinger, der über 30 Jahre Bürgermeister in Bad Gastein war, 1886 das Badeschloss sowie die Heilquellen für den „Allerhöchsten Familienfond Habsburg". Die Quellen wurden an die Gemeinde verpachtet, das Badeschloss blieb ehemaligen Armeeangehörigen vorbehalten.

Über die Bismarckstraße kommen wir zu einer Abzweigung in die Kaiser-Wilhelm-Promenade. Bei der Nikolauskirche biegen wir in die Kaiserhofstraße ein, auf der wir am Haus Hirt vorbeikommen, dem eher stillen Refugium der Schriftsteller, unter ihnen Thomas Mann, Stefan Zweig, William Somerset Maugham und Lady Jeanette Churchill, die Mutter des späteren britischen Premierministers. Das „Hirt" ist sozusagen das Überbleibsel einer großen Idee des aus Dresden stammenden Heinrich Hirt, der noch vor der Tauernbahn das Gasteiner Tal mit einem Bahnprojekt erschließen wollte. Mit einer Zahnradbahn wäre man von Lend hinaufgefahren und dann ostseitig durch das Tal mit der Eisenbahn bis Bad Gastein. Doch es blieb bei der Idee, weil die Geldgeber fehlten. Schließlich wurde auch das eigene Hotel, der Kaiserhof, verkauft und vom Erlös das jetzige Haus Hirt errichtet.

Bei der nächsten Gelegenheit gehen wir wieder auf die Kaiser-Wilhelm-Promenade zurück, auf der wir weiter bis ins Kötschachtal gelangen. Hier ließ Erzherzog Johann einst ein Jagdhaus errichten, aus dem im Lauf vieler Jahrzehnte das Hoteldorf Grüner Baum entstand, das von seiner Architektur her sehr ans Ausseerland und damit wieder an den Erzherzog erinnert. Vom Kötschachtal wandern wir nach Badbruck, wo die Lyrikerin Maria Zittrauer (1913–1997) lebte, und von dort über den Wasserfallweg wieder ins Herz des einstigen Wildbads zurück. Dabei kommen wir auch am alten Kraftwerk – heute ein Industriedenkmal – mit dem davor liegenden Quellpark vorbei. Über zwei Serpentinen erreichen wir die Bismarckstraße. Nach dem Parkhaus biegen wir links in den Meran-Garten ein und kommen über die Grillparzerstraße schließlich zum Bahnhof zurück.

4

Gasteiner Höhenweg

Aussichtsreichste Verbindung zwischen zwei Kurorten

- ■ **Tourcharakter:** Tagestour
- ■ **Ausgangs- und Endpunkt:** Kirchplatz in Bad Hofgastein
- ■ **Weglänge:** 17 km
- ■ **Gesamtdauer:** 6 h
- ■ **Höhenunterschied:** 150 hm
- ■ **Besonderheit:** Gadauner Schlucht

Der Gasteiner Höhenweg ist die wohl schönste, weil aussichtsreichste Verbindung zwischen den Kurorten Bad Gastein und Bad Hofgastein und 8 Kilometer lang. Ebenso lang ist die Rohrleitung, die auch die Marktgemeinde Hofgastein 1936 zum Kurort machte. Um diese Zeit wurde die gemeinhin als Gasteiner Höhenweg bekannte Wanderroute zwischen diesen beiden Kurorten angelegt, die zugleich den Namen einer historischen Persönlichkeit dieses geschichtsträchtigen Tals trägt. Der Weg, der sich am Westhang des Gamskarkogels auf der östlichen Talseite entlangzieht, wurde nach Martin Lodinger benannt, einem der ersten Gasteiner Exulanten während der für das Fürsterzbistum so unrühmlichen Geschichte der Protestantenvertreibungen. Lodinger war ein Patenkind von Hans Weitmoser, einem Gewerken, der 1525 am Aufstand der Gasteiner Gewerken und Knappen gegen Fürsterzbischof Kardinal Matthäus Lang beteiligt gewesen sein soll. Bei diesem Aufstand ging es neben der Forderung nach der freien Predigt des Evangeliums um wirtschaftliche Belange. Martin Lodinger, der mit einer Nürnberger Kaufmannstochter verheiratet war, emigrierte bereits 1533 nach Nürnberg und wurde als Verfasser mehrerer Trostschriften, die an die Protestanten in der alten Heimat gerichtet waren, bekannt. Darin forderte er ein öffentliches Bekenntnis zum evangelischen Glauben und die Entschlossenheit zum lutherisch leidenden Ungehorsam. Der frühere Hof Lodingers, der bald nach seiner Emigration in katholische Hände übergegangen war, steht neben dem heutigen Café Gamskar.

Markanter Ausgangspunkt der Tagestour ist die Pfarrkirche in Bad Hofgastein, hinter der wir in östlicher Richtung und rechts am Friedhof vorbeigehen, wo auch schon der Anstieg beginnt. Wir orientieren uns an der Markierung „Gasteiner Höhenweg", obwohl der Verlauf der weiteren Strecke selbsterklärend ist, und gelangen zum Hofgasteiner Gamskar, wo wir uns auch schon auf dem Höhenniveau von etwa 1000 Metern befinden, auf dem der beliebte Wanderweg in südlicher Richtung und taleinwärts bis Bad Gastein verläuft. Nach kaum einer halben Stunde kommen wir an der Rauchbergmühle vorbei, die bis zu Beginn der 1960er-Jahre noch in Betrieb war und heute als

Mühlenmuseum besichtigt werden kann. Der bislang noch asphaltierte Weg führt im Weiteren über ein Bauerngehöft, wo nach insgesamt einer Stunde Gehzeit der dramatische Abschnitt der an sich bequemen Wanderung beginnt. Die Sonne verliert uns aus den Augen, oder wir sie – auf dem gut gesicherten Weg zur und durch die Schlucht. In der Schlucht selbst bewegen wir uns auf Holzstegen, direkt an den Felshängen entlang. Der in die Tiefe stürzende Wildbach wird durch einen Tunnel unterquert und gleich anschließend folgt, ehe die Südseite der Schlucht erreicht ist, ein weiterer künstlich angelegter Tunnel. Nach einem beeindruckenden Blick zurück, der die Faszination dieses Naturdenkmals noch einmal plastisch vor Augen führt, kommen wir nach etwa einer Viertelstunde zur Brücke über den Remsachbach, und nach einer weiteren ähnlichen Strecke passieren wir eine Jausenstation. Von dort sind es bis zur Abzweigung auf die Kaiser-Wilhelm-Promenade noch einmal knapp 15 Minuten.

Für den Rückweg stehen mehrere Alternativen parat: erstens der Höhenweg in umgekehrter Richtung, zweitens der City-Bus und drittens der Wanderweg entlang der Gasteiner Ache. Wir entscheiden uns für die dritte Möglichkeit und biegen nach einem guten halben Kilometer nach dem Café rechts ab. Von hier wandern wir weiter in westlicher Richtung nach Kötschachdorf. Dort biegen wir in die Achenpromenade ein und marschieren etwa 8 Kilometer der Ache entlang talauswärts.

Ins hintere Angertal

Wandern im Goldrausch

- **Tourcharakter:** Halbtageswanderung
- **Ausgangs- und Endpunkt:** Parkplatz beim Skizentrum Angertal
- **Weglänge:** 5 km
- **Gesamtdauer:** 2,5 h
- **Höhenunterschied:** 150 hm
- **Besonderheit:** Familienwanderung mit Goldrausch

Die Faszination des Goldes ist so groß wie universell und für beinahe alle Kulturen seit etwa acht Jahrtausenden nachzuweisen. Diese kulturelle Überhöhung liegt darin begründet, dass Gold als Metall mit der Sonne gleichgesetzt wurde. Die ältesten Grabbeigaben aus Gold reichen bis ins 6. vorchristliche Jahrtausend zurück. Eine Faszination, die ungebrochen bis in unsere Zeit anhält, wofür neben dem Goldpreis die vielschichtige Verwendung des Begriffs in den Sprachen dieser Welt den Beweis liefert. Neben Kupfer ist Gold eines der wenigen bunten Metalle, und das ist es wohl auch, was es von Anfang an als etwas so Wertvolles erscheinen ließ. Die ersten Kultgegenstände und Schmuckstücke aus Gold gehen bis ins 6. vorchristliche Jahrtausend zurück und wurden als Grabbeigaben entdeckt. Als Geld gewann Gold seit dem 6. Jahrhundert n. Chr. zusehends an Bedeutung. Der Ursprung der Salzburger Münze geht auf ein Privileg, das Kaiser Otto III. dem Salzburger Erzbischof Hartwig einräumte, zurück. Neben dem Recht, in Salzburg täglich Markt zu halten, durften ab 996 n. Chr. auch Münzen, die sogenannten Salzburger Pfennige, geschlagen werden. Das Prägen von Goldmünzen wurde den Salzburgern erst im Jahr 1336 vom Wittelsbacher-Kaiser Ludwig IV. gestattet. Nicht zuletzt aus diesem Grund wurde der Goldbergbau in den Hohen Tauern, insbesondere im Rauriser und Gasteiner Tal forciert. In seiner Blütezeit wurde jährlich sage und schreibe eine Dreivierteltonne Gold zu Münzen verarbeitet. Ein wesentlicher Teil davon wurde im Gasteiner Tal gewonnen und im hinteren Angertal verhüttet.

Als bei Grabungen in den 1970er-Jahren im hinteren Angertal Reste der seinerzeitigen Schmelzöfen entdeckt wurden, entschloss man sich zu umfassenden Nachforschungen mit dem Ergebnis, dass heute ein für die damalige Zeit bedeutender Verhüttungsplatz aus der Zeit des Spätmittelalters zu besichtigen ist. Unter Verhüttung ist das unter kommerziellen Aspekten betriebene Ausschmelzen von Metallen aus Erzen zu verstehen. Die vorindustrielle Aufbereitungsanlage zur Gold- und Silbergewinnung im Angertal bestand aus einem Knappen- und einem Bergmeisterhaus, den Schmelzöfen, einem Pocher für die Zerkleinerung des Erzes und einer Schmiede.

Gestartet wird mit der halbtägigen Gold-Erlebniswanderung beim Parkplatz der Talstation des Skizentrums Angertal. Von dort geht es in südlicher Richtung zum Bach, der überquert wird. Nach der Brücke biegen wir rechts ab und gehen in westlicher Richtung taleinwärts. Nach einer guten halben Stunde kommen wir zu dem rechter Hand gelegenen Goldwaschplatz, an dem besonders Kinder gerne im Bach nach Steinen mit Goldeinschlüssen suchen. Nach einer weiteren Dreiviertelstunde ist die Knappenwelt erreicht. Im Knappenhaus wird auf sehr anschauliche Weise das Leben der Knappen und anderer Arbeitskräfte, die bei der Erz-Verhüttung eingesetzt wurden, dargestellt. Auf dem Rückweg, der dem Hinweg entspricht, kehren wir im Waldgasthof Angertal für eine Jause ein und versuchen unser Glück beim Goldwaschen.

 Der Waldgasthof Angertal ist nicht nur für seine fangfrischen Gebirgsforellen und den schmackhaften Hirschbraten bekannt. Auch der Bogenparcours inkl. Einschulung und gesamter Ausrüstung ist einen Besuch wert. Schatzsucher freuen sich über das Goldwaschen mit Fundgarantie. Ganztägige Küche, Dienstag Ruhetag.

Waldgasthof Angertal, Anger 114,
5630 Bad Hofgastein, Tel. 06432/8418,
waldgasthof@angertal.at, www.angertal.at

6

Fulseck

Erlebnisberg mit „Kraftplätzen"

- ■ **Tourcharakter:** Tagestour
- ■ **Ausgangs- und Endpunkt:** Dorfgastein, Talstation der Fulseck-Bahn
- ■ **Weglänge:** 9 km
- ■ **Gesamtdauer:** 6 h
- ■ **Höhenunterschied:** 600 hm
- ■ **Besonderheit:** Fernschauen zwischen Glockner und Dachstein

Um „Kraftplätze", auch als „Kraftorte" oder „magische Orte" bezeichnet, als solche zu erleben, bedarf es einer subjektiven Aufgeschlossenheit für Wahrnehmungen, die wissenschaftlich nicht belegbar sind. Bei Kraftplätzen bezieht sich diese Wahrnehmung auf eine besonders starke Form der Erdstrahlung. In der psychischen Wirkung ist die dabei erfahrene Energie als Beruhigung oder Kräftigung und fallweise sogar als Bewusstseinserweiterung spürbar. Was es letztendlich damit auf sich hat und inwieweit dieses Geschehen tatsächlich von der Erdstrahlung beeinflusst wird, gilt es noch zu beweisen. Der Kraftplätze-Weg auf dem Fulseck beeindruckt aber auch durch den Panoramablick. In jedem Fall bleibt als Erlebnisgarantie die freie Sicht zwischen Glockner- und Goldberggruppe im Süden sowie dem Birnhorn in den Leoganger Steinbergen und dem Dachstein im Norden und Nordosten.

Die erste Etappe unserer Tagestour auf den Erlebnisberg der Dorfgasteiner ist eine Fahrt mit der Fulseck-Seilbahn – allerdings nur bis zur Mittelstation „Kitzstein". Von dort führt in südwestlicher Richtung ein ziemlich steiler Steig bis zur Reiterhütte hinauf. Nach einer kurzen Verschnaufpause lassen wir die Hütte links liegen und kommen auf einen Forstweg, auf dem wir bleiben, bis wir eine knappe halbe Gehstunde nach der Kolleralm die Abzweigung zum „Barfußweg" erreicht haben. Der Barfußweg führt zum sogenannten Spiegelsee, an dem rundherum Ruheoasen angelegt sind. Weil das Fulseck auch ein höchst beliebter Startplatz für Drachenflieger und Paragleiter ist, gilt mindestens die Hälfte der Aufmerksamkeit den Fliegern, die auf günstigen Aufwind aus sind, um einst wie Ikarus der Sonne entgegenzufliegen.

Vom Spiegelsee bis zum Gipfel des Fulseck sind noch einmal etwa 200 Höhenmeter zu überwinden. Vom Gipfel des 2033 Meter hohen Fulseck halten wir uns anschließend abwärts in nordöstlicher Richtung und kommen dabei an verschiedenen Kraftplätzen vorbei. Unser nächstes Ziel ist das auf 1797 Meter liegende Arltörl, von dem man entweder ins Großarltal absteigen kann oder über den Goldgräberweg zum Schuhflicker gelangt. Wir gehen über den Jägersteig zum Fulseck zurück und orientieren uns dafür nach der Grabneralm in südlicher Richtung, um auf einem schmalen, steilen Steig über die Wenger Hochalm zur Bergstation zu gelangen.

7

Wanderung über Dorfgastein

Zwischen Dorf- und Almidylle

- **Tourcharakter:** Tagestour
- **Ausgangs- und Endpunkt:** Dorfgastein, Unterberg
- **Weglänge:** 12 km
- **Gesamtdauer:** 6 h
- **Höhenunterschied:** 700 hm
- **Besonderheit:** Drei-Waller-Kapelle

Als die Zufahrt ins Gasteiner Tal noch nicht über die Straße durch die Klamm erschlossen war, führte der Weg – vom Salzachtal kommend – von Lend über Gigerach und Höhenwart zur Wallerhöhe hinauf, wo Fürsterzbischof Wolf Dietrich von Raitenau 1592 eine Kapelle errichten ließ. Der Legende nach kamen an dieser Stelle drei Wallfahrer – früher auch Waller genannt – ins Tal und brachten den Bewohnern Pflug, Schlägel und Bibel. Vis à vis der Wallerhöhe steht auf der anderen Talseite die Ruine Klammstein, die im 13. Jahrhundert als Schutzburg am Eingang des Tals errichtet wurde. Anfang der 1970er-Jahre wurde der Turm restauriert und ein kleines Museum eingerichtet. Vom Parkplatz der Burg führt ein Weg zur weiter östlich gelegenen „Entrischen Kirche", einer Naturhöhle, die wahrscheinlich durch Auswaschung von Kalk entstanden ist.

Neben dem Bäder- und Kurtourismus, den Wintersportzentren und dem Bergbau der früheren Jahrhunderte wurde und wird das Gasteiner Tal auch intensiv landwirtschaftlich genutzt. Dementsprechend gibt es eine Reihe von Almen, die – über das gesamte Tal verstreut – auf Höhen zwischen 1200 und 1850 Meter liegen und zu denen aussichtsreiche und spannende Wanderwege führen. Einer dieser Alm-Wanderwege führt von Unterberg über die Wallerhöhe und in Richtung Bernkogel zur Heinreichalm.

Wir beginnen mit der Rundtour in Unterberg. Dort halten wir uns an das Hinweisschild „Dorfgasteiner Sagenweg" und gehen in nördlicher Richtung auf dem Sagenweg talauswärts bis zum Klammstein. Auf diesem Weg erfahren wir auf zehn Schautafeln einiges über die Gasteiner Sagenwelt. Kurz danach biegen wir auf einen schmalen Steig nach links ab, um zur Huberalm zu gelangen. Hinter der Alm geht es auf einem Steig weiter, zuerst in westlicher Richtung, dann ein Stück südlich entlang des Güterweges, um kurz darauf rechts in eine Abkürzung zur Drei-Waller-Kapelle einzubiegen, die auf 1425 Meter liegt. Hinter der Kapelle treffen wir auf den Salzburger Almenweg, der durch den Wald und hinauf zum Rauchkögerl auf 1810 Meter führt. Wir halten uns etwas unterhalb des Gipfels und kommen auf dem nach Süden ausgerichteten Weg an einem Hochmoor vorbei. Auf dem Wanderweg 117, der weiterhin als Salzburger Almenweg ausgeschrieben ist und auf dem Höhenrücken verläuft, geht es an Teichen und Mooren und schließlich am Hahnbalzköpfl vorbei, bis wir das Kreuz, das unterhalb des Bernkogels auf 1897 Meter steht, erreichen. Danach zweigt der Weg nach links ab. Nach etwa 500 Metern entlang des unteren Schuttkegels erreichen wir eine Abzweigung, in die wir rechts einbiegen. Auf diesem Steig kommen wir nach einer leichten Steigung zur Heinreichalm auf 1668 Meter. Von dort führt uns ein Weg in östlicher Richtung zur Aberalm hinab, wo wir auf den Forstweg stoßen, auf dem wir in weiten Serpentinen über die Kokaseralm auf 1364 Meter nach Unterberg zu unserem Ausgangspunkt zurückkehren.

8

Über die Gasteiner Höhe zu den Paarseen

Inmitten ursprünglicher Bergwelt

- ■ **Tourcharakter:** Tagestour
- ■ **Ausgangs- und Endpunkt:** Dorfgastein, Hauserbauer
- ■ **Weglänge:** 12 km
- ■ **Gesamtdauer:** 7 h
- ■ **Höhenunterschied:** 950 hm
- ■ **Besonderheit:** Vielfältige Fauna und Flora im Naturschutzgebiet

Die beiden Paarseen und die Gasteiner Höhe zählen zu den beliebtesten Ausflugszielen im vorderen Gasteiner Tal. Und wer jemals die Aussicht ins Gasteiner Tal oder auf den Hochkönig genossen hat, weiß warum. Darüber hinaus zeichnet sich diese Gebirgslandschaft durch ihren ursprünglichen Charakter aus. So kommen im Naturschutzgebiet um die Paarseen sowie in der weiteren Umgebung neben den üppig blühenden rostroten Almrosen auch Alpenaster, Kohlröschen, Duftende Händelwurz, Seidelbast sowie Frühlingsenzian und Steinbrech vor, womit die Aufzählung keinesfalls komplett ist. Dabei steht die Fauna der Flora in nichts nach: Gamswild, Alpendohle, Kolkrabe, Schneehuhn, Bergmolch und viele Schmetterlingsarten, darunter auch der Alpen-Apollo, sind hier beheimatet. Seltener ist ein Steinadler zu beobachten, während es zuhauf Murmeltiere gibt.

Unser Ausgangspunkt für die Wanderung zu den Paarseen und zur Gasteiner Höhe liegt in Dorfgastein beim Hauser-bauern, dessen Gehöft auf knapp 1000 Meter liegt. Zuerst geht es unterhalb des Hofes in westlicher Richtung an einer asphaltierten Straße entlang, die nach einem halben Kilometer beim Mitterhauser-Hof endet und sich als Forstweg fortsetzt, der rasch ziemlich steil ansteigt. Nach einer Gehzeit von etwa einer halben Stunde erreichen wir einen einzeln stehenden Bergahorn, hinter dem wir eine Abkürzung über die Almwiese nehmen. Vorbei an einem Stadel und zwei Almhütten gelangen wir schließlich an den Waldrand. Für den Weg durch den Wald entscheiden wir uns für die Variante über die Steiner-Hochalm und kommen so nach einer halben Stunde zur Mayerhofalm. Danach geht es über eine weitere Almwiese steil aufwärts, wobei der Weg quer über den Hang führt. Nach einem kurzen Waldstück erreichen wir eine Bank, neben der Wegmarkierungen angebracht sind. Ist man zur richtigen Zeit im Frühsommer unterwegs, wenn der Almrausch blüht, findet man sich auf dem letzten Abschnitt inmitten prächtig blühender Almrosen wieder. Die letzte halbe Stunde bis zum kleineren der beiden Paarseen oder der eingeschobene Aufstieg zur Gasteiner Höhe auf 1994 Meter vergeht wie im Flug. Der offene Blick auf die imposante Kulisse des Hochkönig-Massivs trägt das Seine zur gesteigerten Laune bei. Der größere der beiden See-Brüder liegt nördlich des kleineren und 100 Meter unterhalb von ihm. Der Rückweg entspricht dem Hinweg.

In einer Welt, in der Wasser Mangelware und deshalb eine äußerst kostbare Ressource ist, mag der nasse Überfluss von Gastein zu Recht als etwas Exotisches wahrgenommen werden. Dies umso mehr, wenn man weiß, dass neben dem Heilwasser für die Therapien damit jährlich auch noch 55 Millionen Flaschen gefüllt und in die Welt verschickt werden. Diese Menge ist nur ein Bruchteil dessen, was sonst noch an Gasteiner Wasser mit einer Temperatur von 45 Grad Celsius und mit Radon angereichert – in etwa einem Dutzend Quellen gefasst – durch Rohre und Leitungen fließt und für Therapien verwendet wird. Und weil es nie genug sein kann, rauscht auch noch die Gasteiner Ache als Gesundheitsbrunnen über mehrere Katarakte mitten durch den Ort, als hätte Hollywood Hand angelegt.

Ob es wohl Zufall ist, dass die Gasteiner Quellen nur kurze Zeit, nachdem der Salzburger Erzbischof die *Castuna*, gemeint ist das Gasteiner Tal, von den Baiern erworben hatte, erstmals als Trinkkurwasser Erwähnung fanden? Und 100 Jahre später machte kein Geringerer als Theophrastus Bombastus von Hohenheim, Paracelsus genannt, in seinem Buch von den „natürlichen Bädern zu Pad Gastein" auf das Heilwasser aufmerksam. Seit dieser Zeit prägt der Silberkrug das Wappen des Ortes. Dr. Leonhart Thurneisser zum Thurn, gelernter Goldschmied und Anhänger von Paracelsus, wurde noch einmal hundert Jahre später, 1572, schon etwas konkreter und beschrieb das Wasser und seine Heilwirkung im Detail und nahm sich dabei kein Blatt vor den Mund. Wasser: „Es stärket Herz und Hirn, macht gut Geblüt, stillet Schmerzen, reiniget den Magen, vertreibt die Würmer und Mitesser der Kinder, säubert Mutterpresten, macht Unkeuschheit und gibt viel Sperma." Ob er schon gewusst hat, dass das Blut des menschlichen Körpers, knapp gefolgt vom Gehirn, das meiste Wasser absorbiert?

Die große Zeit Bad Gasteins und der Ausbau zum „Wolkenkratzerdorf" mit Wasserfall wurde in den Gründerzeit-Jahren eingeläutet. Ein knappes Vierteljahrhundert früher hieß es in dem 1862 erschienenen Buch von Heinrich Wallmann über „Die Heilquellen und Torfbäder des Herzogthumes Salzburg" noch, dass Gastein kein Luxusbad sei und auch keines werden könne, weil die beschränkten örtlichen Verhältnisse keine Entfaltung eines glanzvollen Lebens oder rauschender Vergnügungen zuließen. Wer nach Gastein kommt, so Wallmann, suche Heilung für den kranken Körper oder Erholung des Geistes in der großartigen Alpennatur.

Mit dem Untergang der Monarchie ging auch der „Niedergang" Gasteins einher. Seither fehlt es an der entsprechenden Klientel. Ihr Ausbleiben deckt auf, dass mit dem Wasser alleine nicht Furore zu machen ist, sondern es dazu einer smarten Inszenierung auf der Höhe der Zeit bedarf. Die Flucht in gierige Spekulation ist die schlechteste Antwort auf die „beschränkten örtlichen Verhältnisse", die keinesfalls so schlecht sind, wie sie genutzt werden.

Eine Hauptstadt und zwei Täler

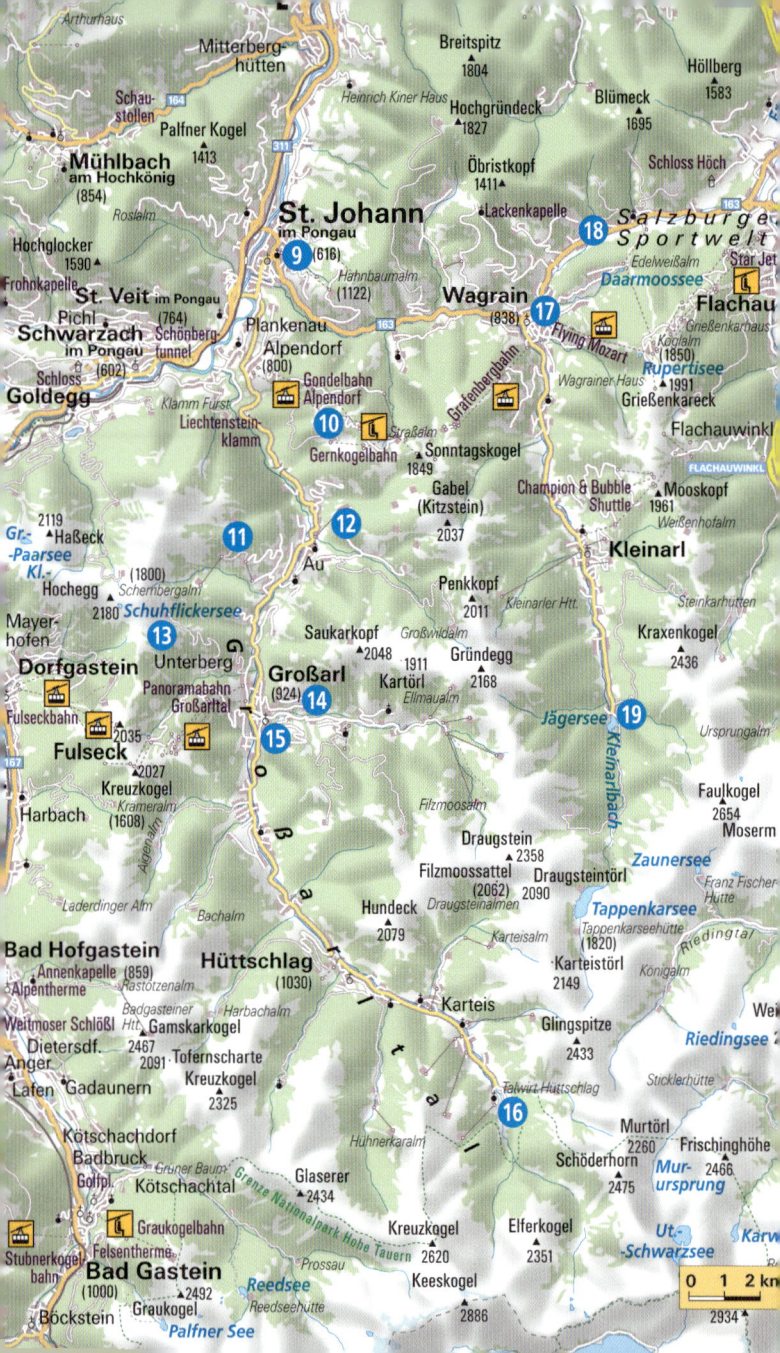

Zwischen Liechtensteinklamm und Tappenkarsee

Wenn die Pongauer unter sich von „Seiger Hans" oder „Sennig Hans" reden, geht der Außenstehende selbstverständlich davon aus, dass es sich um einen Einheimischen handelt, dessen Vorname Johann ist, während man sich über den Familien- oder Hofnamen nicht so ganz einig zu sein scheint. Ob die Familie nun Seiger oder Sennig heißt, ist aber völlig nebensächlich, höchstwahrscheinlich gibt es sie auch gar nicht, denn es handelt sich nicht um einen Hans Sowieso, sondern um die junge Bezirkshauptstadt St. Johann im Pongau.

Als es zu Beginn dieses Jahrtausends im Land Salzburg zu Stadterhebungen kam, war auch St. Johann darunter. Der Hauptort des zweitgrößten der fünf Salzburger Bezirke ist zugleich das Verwaltungs-, Wirtschafts- und Schulzentrum und seit 1867 Sitz der Bezirkshauptmannschaft. Wahrzeichen von St. Johann ist die zweitürmige neugotische Kirche, die nach dem großen Marktbrand im Jahr 1855 neu errichtet wurde. Gerne wird im Zusammenhang mit der dem heiligen Johannes geweihten Kirche vom „Pongauer Dom" gesprochen, wobei es sich aber eher um eine kleine Übertreibung handelt, denn zum Dom fehlen der zweitürmigen Pfarrkirche einige Attribute. Die unweit der Kirche stehende gotische Annakapelle geht auf das 9. Jahrhundert zurück. Sie wurde beim Brand verschont und 1980 als beredter Ausdruck praktizierter Ökumene gemeinsam von der römisch-katholischen und der evangelischen Pfarrgemeinde renoviert und wird seither von beiden Glaubensgemeinschaften für Gottesdienste genutzt.

Erste Spuren einer Besiedelung des heutigen Hauptortes führen in die Bronzezeit zurück, als am Einödberg und am Pürgstein mit dem Kupferbergbau begonnen wurde. An der

Stelle dieses prähistorischen Bergbaus wurde zu Beginn des 20. Jahrhunderts der Arthurstollen geschlagen, dabei ist man auf Holzbauten gestoßen, dessen „Holzverschalungen" nachgewiesenermaßen etwa 3700 Jahre alt sind. Damit gilt der Einödberg zwischen St. Johann und Mühlbach am Hochkönig als älteste Fundstelle von Kupfererz in den Ostalpen. In der Römerzeit führte als Abzweigung der Nord-Süd-Verbindung eine Handelsstraße von Werfen über Bischofshofen nach St. Johann und St. Veit und von dort weiter durch das Gasteiner Tal nach Mallnitz. Wer auf der heutigen B 311 unterwegs ist und auf das Hinweisschild „Russenfriedhof" aufmerksam wird, soll wissen, dass in Markt Pongau, wie St. Johann während der Zeit des Nationalsozialismus hieß, ab 1941 ein Stammlager für Kriegsgefangene war – eines von zweien im Wehrkreis XVIII, zu dem neben Salzburg, Tirol und Vorarlberg auch die heutigen Bundesländer Kärnten und Steiermark sowie das nördliche Slowenien zählten. Ursprünglich für maximal 10 000 Gefangene ausgerichtet, waren in dem Lager, das zwar von der Wehrmacht verwaltet, aber von SS-Männern bewacht wurde, bis zu 30 000 Kriegsgefangene aus neun Ländern untergebracht. Während die Kriegsgefangenen der Westmächte nach der Genfer Konvention behandelt wurden, war den sowjet-russischen Gefangenen im Nordlager ein gänzlich anderes Schicksal beschieden. Knapp 4000 Männer haben die Gefangenschaft nicht überlebt und sind unter unmenschlichen Bedingungen an Hunger, Kälte oder Seuchen gestorben.

Unweit dieses Friedhofs, der an das Grauen des Zweiten Weltkrieges erinnert, wurde in den späten 1970er-Jahren, als der Kalte Krieg wieder einmal in eine heiße Phase trat, tief im Innern des Heukarecks ein Bunkersystem auf fünf Ebenen errichtet, dessen Existenz lange Jahre als gut gehütetes Staatsgeheimnis der Republik Österreich galt. Die gesamte Anlage wird unter dem Namen „Einsatzzentrale Basisraum" geführt, umgangssprachlich ist jedoch nur vom „Regierungsbunker" die Rede. Eine der fünf Ebenen ist als Notquartier für die Bundesregierung eingerichtet, sollte im Zuge kriegerischer Auseinandersetzungen die Evakuierung von Ämtern und Ministerien notwendig werden. Darüber hinaus sind in den Bunkeranlagen Datensicherungssysteme installiert und auch das Technisch-Logistische Zentrum der österreichischen Luftraumüberwachung hat seinen Sitz in den Tiefen des Heukarecks.

Südwestlich von St. Johann geht es am Alpendorf vorbei und über der Liechtensteinklamm ins Großarltal, das neben der Marktgemeinde Großarl und dem ehemaligen Bergbauort Hüttschlag vor allem von den knapp 20 Seitentälern und zahlreichen Almen bestimmt wird. Nachdem das Tal ab der Mitte des 10. Jahrhunderts besiedelt wurde, übernahm die Salzburger Kirche die Grundherrschaft über die ausgedehnten Wald- und Weideflächen. Die Ausdehnung der Gebiete bis zur natürlichen Grenze auf dem Tauernhauptkamm und das knappe Weideland am Talboden bewog die Erzbischöfe zu umfassenden Rodungen auch oberhalb der Waldgrenze. Das war sozusagen der Grundstein für die intensive Almwirtschaft im Großarltal, das mit Ausnahme einer kurzen Periode von etwa 200 Jahren, als in Hüttschlag Erz gewonnen und verhüttet wurde, ausschließlich landwirtschaftlich strukturiert war. Der Tourismus, der heute einen maßgeblichen Anteil am wirtschaftlichen Aufkommen des Tals hat, entwickelte sich Ende der 1960er-, Anfang der 1970er-Jahre. Mit dem Großarltal endet auch der grandiose Reigen der Täler in den Hohen Tauern, der in Krimml beginnt und sich über – um nur einige zu nennen – die Sulzbachtäler, das Stubach- und Kapruner Tal sowie das Rauriser und Gasteiner Tal erstreckt. An den ostseitigen Hängen des Tals schließen unmittelbar die Niederen Tauern an, die sich wiederum in die Radstädter und Schladminger Tauern aufteilen. Das Großarltal ist nur wenig kürzer als das Gasteiner Tal, mit 42 Kilometern das längste der Tauerntäler, nimmt mit der 4 Kilometer langen und 300 Meter tiefen Liechtensteinklamm einen ähnlich dramatischen Anfang wie das westliche Nachbartal, kann aber mit einem ungleich schöneren Talschluss – vielleicht sogar mit dem schönsten – punkten. Weil hier keine Infrastrukturprojekte Wunden geschlagen haben, wurde die Gemeinde Hüttschlag auch Anfang der 1990er-Jahre im Zuge der räumlichen Ausweitung des Nationalparks Hohe Tauern in diesen mit einbezogen.

Dramatischer kann ein Taleingang kaum sein. An die 300 Meter tief frisst sich der Großarlbach auf einer Strecke von 4 Kilometern durch Kalk- und Schiefergestein, um die hohe Geländekante zu überwinden, die der mächtige Salzachgletscher einst zu den Seitentälern hin abgeschliffen hat. Neben der Kitzlochklamm, zwölf Kilometer die Salzach aufwärts, durch die die Rauriser Ache ins Salzachtal mündet, gilt die Liechtensteinklamm als eine der imposantesten Wildwasserschluchten in den Alpen. Nachdem in der zweiten Hälfte des 19. Jahrhunderts der Run aufs Gebirge begonnen hatte, verrückte sich auch der Blick auf so abweisende Geländeformationen wie die der Klammen. Das Bedrohliche wurde zugunsten einer romantisch verklärten Naturdramatik beiseitegeschoben. So war auch der Alpenverein im Pongau bemüht, die Klamm begehbar zu machen. Mithilfe einer großzügigen Spende von Johann II. Fürst Liechtenstein, der neben anderen Salzburger Besitzungen im Großarltal ein Jagdrevier besaß, konnte das Vorhaben verwirklicht werden. Etwa ein Kilometer der Klamm, die nach dem großzügigen Spender benannt ist und 1942 zum Naturdenkmal erklärt wurde, ist durch Stege, Brücken und kleine Tunnels begehbar. Architektonisch sehr gelungen ist das im Frühjahr 2012 fertiggestellte neue Besuchergebäude. Auf dem Rückweg aus der Klamm bietet sich ein Besuch im Gasthaus Klamm Fürst an, bei dem man sich die Grill-Spezialitäten schmecken lassen kann.

Dass im Großarltal heiße Quellen sprudeln, weiß heutzutage kaum mehr jemand. Ungünstiger könnten sie auch nicht liegen, denn sie sind nur im Spätherbst und im Winter zugänglich, sonst rauscht der Großarlbach darüber hinweg. Heinrich Wallmann führte sie in seiner Zusammenstellung der „Heilquellen und Torfbäder des Herzogthumes Salzburg", die 1862 in Wien erschienen ist, als sogenannte indifferente Quellen auf. Noch Ende des 19. Jahrhunderts kletterten die Menschen über einen schmalen Steig in der Nähe des heutigen Steinbruchs zum Bach hinunter, um ein Bad zu nehmen. Schuld an der ungünstigen Lage der Quellen ist, wie könnte es anders sein, der Leibhaftige. Der Schmied in Oberarl hatte eine verkrüppelte Tochter, deren Seele er dem Teufel versprochen hatte, wenn ihm dieser im Gegenzug die Gasteiner Quellen bis vor sein Haus leitet. Als die Nacht der Tat bestimmt war, vereitelte die Mutter des unglücklichen Mädchens das Teufelswerk, tauchte einen Hahn in den Brunnen, damit dieser bereits früher als gewohnt zu krähen begann und so den Teufel daran hinderte, sein Werk zu vollenden. Vielleicht hatten aber auch die Gasteiner ihre Hände im Spiel und waren ihrerseits mit dem Teufel im Bund, weil sie verhindern wollten, dass die Großarler an ihren Quellen mitnaschten.

Südlich von St. Johann führt der Weg nach Wagrain und weiter ins Kleinarltal, das bereits zu den Niederen Tauern gehört. An dessen Talende liegt der Jägersee, der gemeinsam mit dem um 660 Meter höher gelegenen Tappenkarsee zu den Hof- und Küchenseen der Fürsterzbischöfe zählt. Die darin gezogenen Saiblinge waren als Setzlinge sehr begehrt und wurden zum endgültigen Ausreifen in den Hintersee und nach Hellbrunn gebracht.

Das neue Gasthaus „Klamm Fürst" liegt idyllisch am Eingang zur Liechtensteinklamm, als zweites Gasthaus direkt beim Kassa-Gebäude. Neben Speisen aus der heimischen Küche gibt es landestypische Gerichte aus Liechtenstein und der Schweiz sowie Köstliches vom 3,5 Meter langen BBQ-Grill. Gastgarten mit Schirmen und Heizstrahlern, Kinderspielplatz.

Klamm Fürst, Liechtensteinklammstr. 123, 5600 St. Johann im Pongau, Tel. 06412/8572 oder 0664/3943012, gast@klammfuerst.at, www.klammfuerst.at

9

Aufs Hochgründeck hinauf

Einer der höchstbewaldeten Berge Europas

- **Tourcharakter:** Tagestour
- **Ausgangs- und Endpunkt:** St. Johann im Pongau, Hahnbaumalm
- **Weglänge:** 14 km
- **Gesamtdauer:** 7 h
- **Höhenunterschied:** 850 hm
- **Besonderheit:** Sehr beliebter Aussichtsberg

„Wer hat dich du schöner Wald, aufgebaut so hoch da droben?"
So wie ihn Joseph von Eichendorff, der meist vertonte Lyriker
der Romantik, einst verklärte, präsentiert sich heute kein
Wald mehr. Ungeachtet der romantischen Überhöhungen
in Eichendorffs Lyrik übt der Wald auf uns nach wie vor eine
starke Faszination gleichermaßen als Ort dunkler Geheimnisse

und märchenhafter Welt von Feen, Gnomen und Kobolden sowie als Indikator für eine intakte Umwelt aus. Immerhin sind knapp die Hälfte des österreichischen Staatsgebiets mit Wald bedeckt. Dabei zählen die Nordlagen der Alpen, zu denen auch die Schieferberge gehören, zu den waldreichsten Gegenden. Nicht zuletzt wegen des Prädikats, einer der höchstbewaldeten Berge Europas zu sein, präsentiert sich das Hochgründeck als das, was man einen auserwählten Berg nennt, der für die Bewohner zwischen St. Johann, Bischofshofen, Hüttau, Reitdorf und Wagrain schon sehr früh ein beliebter und viel begangener Aussichtsberg gewesen sein muss. Von all diesen Orten führen viele Wege auf den 1827 Meter hohen Gipfel in den Salzburger Schieferbergen. Und er ist zugleich der herausragende Gipfel, was uns schon der Name verrät, denn wir können berechtigt davon ausgehen, dass der Wortteil „gründ" bzw. „grind" auf die mittelhochdeutsche Bedeutung für Kopf zurückgeht. Neben dem Oberen Gründeck, dem Obergründeck und dem Mittergründeck stellt das Hochgründeck als der oberste Kopf die höchste Erhebung dieses als Eck zwischen Bischofshofen, St. Johann und Wagrain wahrgenommenen Bergstocks dar.

Wir starten mit der ambitionierten Tour bei der Hahnbaumalm, die südwestlich der Bezirkshauptstadt St. Johann auf einer Höhe von 1122 Meter liegt. Bei der Alm gehen wir zuerst in südöstlicher Richtung, bis wir zu einer Wegkreuzung kommen, an der wir uns links halten, um anschließend in nördlicher Richtung über Wiesen auf dem mit den Nummern 7 und 451 ausgezeichneten Weg leicht bergauf zu wandern. Durch den Wald und über einen langgezogenen Höhenrücken kommen wir am Oberen Gründeck, Forstegg und Obergründeck vorbei und nach etwa einer Stunde ist die erste Etappe bis auf eine Höhe von knapp 1400 Meter geschafft. Ab dem Mittergründeck (Weg Nr. 451) geht es dann etwas steiler bergauf. Dabei fällt auf, dass die vorherrschenden Fichtenbestände erfreulicherweise durch nachwachsende Mischwaldkulturen etwas zurückgedrängt werden.

Bis wir in Gipfelnähe kommen, queren wir dreimal die Forststraße. Wir bringen auch noch die paar Meter auf den

Gipfel hinter uns, um die viel gepriesene Aussicht auf den Hochkönig im Westen, das Tennengebirge im Norden, Dachstein und Gosaukamm im Nordosten zu genießen. Weiter geht der Blick zu den Hohen Tauern im Süden, den Radstädter und Schladminger Tauern im Südosten und zum Salzachtal. Der Panoramablick ist weit imposanter, als wir ihn uns vorgestellt haben. Bevor wir uns im Heinrich-Kiener-Haus bewirten lassen, werfen wir auch noch einen Blick in die 2004 eingeweihte Friedenskirche, die dem heiligen Vinzenz, dem Patron der Forstleute, geweiht ist. Was läge auch näher auf einem Berg, der bis zum Gipfel hinauf bewaldet ist und nicht zu Unrecht als der am höchsten bewaldete Berg Europas gilt. Der Rückweg entspricht der Anstiegsroute.

Das Heinrich Kiener Haus am Hochgründeck steht auf dem Gipfel eines der schönsten Aussichtsberge Österreichs und ist ein ideales Ausflugsziel für die gesamte Familie. Regionale Küche und Spezialitäten werden serviert. Übernachtungsmöglichkeit in drei 4-Bett-Zimmern, einem 8-Bett-Zimmer und auf 8 Lagerplätzen. Hüttenfeste.

Heinrich Kiener Haus am Hochgründeck, Ginau 17, 5600 St. Johann im Pongau, Tel. 0664/2774558, hochgruendeck@sbg.at, www.hochgruendeck.at

10

Der Geisterberg am Gernkogel

Wenn Kinder die Eltern an der Hand führen

- **Tourcharakter:** Halbtagesausflug
- **Ausgangs- und Endpunkt:** St. Johann Alpendorf, Talstation Bergbahnen
- **Weglänge:** 1,5 km
- **Gesamtdauer:** 3 h
- **Höhenunterschied:** 150 hm
- **Besonderheit:** Erlebnispark für Kinder

Wer Kinder fürs Wandern gewinnen will, noch dazu, wenn's bergauf geht, muss sich gute Argumente einfallen lassen. Nette Worte allein, und mögen sie noch so begeisternd klingen, reichen oft nicht aus. Heute wissen selbst die Kleinsten schon ganz genau, womit sie unterhalten werden wollen und welcher Held das T-Shirt zieren darf. So lautet zumindest die vordergründige Devise: Es muss ordentlich was los sein. Spiderman & Co. sind bewährte Begleiter, in jedem Fall sollten Transformers eingreifen und das Laserschwert von Darth Vader gehört ohnedies zur Grundausstattung. Dass Kinder zudem begeisterte Zuhörer sind, wenn ihnen vorgelesen oder erzählt wird, ist der andere Teil der Geschichte. Aber es geht ja auch um die Bewegung, um das Hinführen zum Wandern. Der Geisterberg auf dem Gernkogel ist so angelegt, dass die Kinder mit Geschichten und überraschenden Begegnungen unterhalten werden und sich nebenbei ganz selbstverständlich bewegen, weil sie es bis zur nächsten Attraktion schon gar nicht mehr erwarten können.

Der Ausflug beginnt mit der Gondelfahrt auf den Gernkogel. Um mit Trick 17 ein bisschen mehr an Bewegung herauszuholen, sollte die Spannung auf das Kommende ausgenutzt und auf die Hinfahrt mit der Geisterbahn verzichtet werden. Es ist ohnedies nur ein kurzer Weg von ein paar hundert Metern, bis sich das Tor zum Reich der Erd-, Feuer-, Wasser- und Luftgeister auftut. Lassen sie sich von den Kindern bei der Hand nehmen und zu den einzelnen Stationen führen – und erschrecken Sie nicht, wenn es plötzlich poltert und pfeift. Drachen sind nun einmal nicht leise. Es geht etwas bergauf und bergab, ganz ähnlich wie die Spannung bei Geschichten steigt und fällt. Zwischendurch lohnt auch ein Blick ins Salzachtal oder in Richtung Sonntagskogel. Der Weg führt wie von Geisterhand wieder zum Tor zurück, und diesmal wird selbstverständlich in den Geisterzug gestiegen und zur Bergstation zurückgefahren. Es gibt ja so viel zu erzählen und beim Gehen kommt man dabei leicht ins Stolpern.

11

Rundwanderung über die Igltalalm

Oberhalb des Taleingangs

- **Tourcharakter:** Halbtagestour
- **Ausgangs- und Endpunkt:** Parkplatz Himmelsknoten im Großarltal, Schied
- **Weglänge:** 7 km
- **Gesamtdauer:** 3 h
- **Höhenunterschied:** 300 hm
- **Besonderheit:** Artenreiche Fauna und Flora

Wie viel Unterschiedliches das Großarltal als Wanderregion zu bieten hat, zeigt sich auch in seinen Seitentälern, die sich östlich in die Niederen Tauern und westlich in die Ausläufer der Hohen Tauern erstrecken. Eines dieser kleineren Seitentäler ist der Igltal- oder Niggltalgraben, der sich östlich vom Schober bis zur Neuen Wacht am Übergang der Liechtensteinklamm ins Großarltal erstreckt. Für Wanderer hat dieser Graben zwar keine Bedeutung, aber er ist der Namensgeber für die auf 1507 Meter liegende Igltalalm, die im Mittelpunkt dieser Halbtageswanderung steht.

Der sogenannte Himmelsknoten beim Parkplatz, auf dem wir starten, ist eine Holzskulptur, die 1984 von der Pfadfinder-Gilde Österreichs aufgestellt wurde und auf die Verbundenheit zwischen menschlichem Denken und Handeln und auf die Verbindung zwischen den Generationen verweist. Vom Parkplatz geht es zuerst in westlicher Richtung am Waldrand entlang, wobei wir uns an der Markierung mit der Weg-Nr. 31 orientieren. Nach etwa einem Kilometer kommen wir nach einer Rechtskurve zu einer Weggabelung, an der wir uns rechts halten und im Weiteren auf dem Weg Nr. 31 durch den Wald und sehr moderat bergauf gehen. Eine knappe Dreiviertelstunde später kommen wir wieder zu einer Gabelung, an der wir dieses Mal geradeaus wandern, denn es handelt sich dabei um die Abzweigung zur Niggltalalm. Von hier aus führt auch ein Weg auf das 2100 Meter hohe Heukareck hinauf, von dem Thomas Bernhard in dem autobiografisch gefärbten Buch „Die Kälte. Eine Isolation" schreibt: „Welche infame Scheußlichkeit hat sich der Schöpfer hier ausgedacht, was für eine abstoßende Form von Menschenelend." Grund für Bernhards heftige Bergschelte ist der Umstand, dass das Heukareck den Schwarzachern über die Hälfte des Jahres die Sonne verstellt. Aber das ist nur eine Sicht auf den Hausberg von Schwarzach im Pongau und noch dazu eine literarisch überhöhte oder in diesem Fall verdunkelte. Der Blick auf das Salzachtal und vor allem auf die 90-Grad-Biegung der Salzach nach Norden hätte durchaus ein freundlicheres literarisches Denkmal verdient.

Um unsere Wanderung fortzusetzen, gehen wir die Abzweigung von der Alm bis zur ersten Gabelung zurück, halten uns dabei rechts und folgen von hier dem Forstweg mit der Nr. 32 A. Auf diesem erreichen wir nach einer guten halben Stunde die Viehhausalm, von der aus ein 30-minütiger Abstecher zum Wetterkreuzsattel lockt. Wir gehen von der Alm ein paar Meter auf dem Forstweg zurück und biegen dann rechts auf einen schmalen Steig (Nr. 32) ab, der uns zur dritten Alm auf dieser Runde – der Mooslehenalm – bringt. Anschließend geht es geradeaus weiter, um bei der nächsten Kreuzung nach rechts abzubiegen und zum Parkplatz zurückzukehren.

12

Kitzstein oder Gabel

Herr über ein Dutzend Almen

- ▪ **Tourcharakter:** Halbtagestour
- ▪ **Ausgangs- und Endpunkt:** Parkplatz Unterwandalm, Großarltal
- ▪ **Weglänge:** 12 km
- ▪ **Gesamtdauer:** 4 h
- ▪ **Höhenunterschied:** 800 hm
- ▪ **Besonderheit:** Grandiose Ausblicke, gemütliche Almen

So viele Almen es im Großarltal gibt, fast so viele Wege führen zu ihnen hinauf. Je nach Lust, Zeit und Kondition startet man unten im Tal, was im Einzelfall allerdings zu einem ziemlichen „Hatscher" anwachsen kann. Wer mit der Zeit haushalten muss, wird mit dem Auto bis zu den jeweiligen Parkplätzen fahren und von dort aus starten. Für die Rundtour über den Kitzstein haben wir uns auch für eine solche Variante entschieden. Nicht zuletzt auch mit dem Hintergedanken, den Aufenthalt auf der einen oder anderen Alm nicht mit der Stoppuhr messen zu müssen. Auf der Karseggalm wird z.B. heute noch wie zu Urgroßvaters Zeiten gearbeitet. Das offene Feuer knistert, der Rauch zieht durch das Schindeldach ab und in den großen Kesseln, die auf Schwenkarmen über dem Feuer hängen, wird Käse zubereitet. Und unter dem Dach kann sogar ein Heulager bezogen werden.

Von St. Johann kommend, biegen wir in Au von der Hauptstraße ab und folgen der Beschilderung zur Sonneggbrücke. Wir fahren allerdings noch ein Stück weiter und stellen das Auto auf dem Parkplatz Unterwandalm ab.
Vom Parkplatz startet die Tour zuerst gemächlich, bis wir den Bauernhof erreicht haben. Danach folgt ein steiler Anstieg, der in den Wanderweg Nr. 70, einen Abschnitt des Salzburger Almenweges, mündet. Über ihn kommen wir an zwei Almen vorbei. Bei der Karseggalm halten wir uns östlich und kommen über einen Verbindungssteig bei der nächsten Kreuzung zur Oberwandalm. Von dort geht es wiederum auf einem Abschnitt des Salzburger Almenweges nach Norden Richtung Kitzstein oder Gabel, wie er auch genannt wird. Er wirkt fast ein bisschen trotzig, wie er so völlig nackt dasteht. Der Gipfelanstieg ist zwar steil, aber leicht zu bewältigen. Anschließend führt der Weg in nördlicher Richtung weiter. Bei der nächsten Kreuzung heißt es aufzupassen und den Verbindungsweg zur Maurachalm nicht zu übersehen. Wir biegen links in den Almenweg ein und gehen in weitem Bogen in südöstlicher Richtung zurück zur Unterwanddalm. Kurz vorher biegen wir in spitzem Winkel auf den Weg Nr. 70 C ab, der uns zum Ausgangspunkt am Parkplatz zurückführt.

Hinauf zum Schuhflicker

Sagenumwobener Berg

- **Tourcharakter:** Ganztagestour
- **Ausgangs- und Endpunkt:** Ortszentrum von Großarl
- **Weglänge:** 16 km
- **Gesamtdauer:** 8 h
- **Höhenunterschied:** 1400 hm
- **Besonderheit:** Ausblicke ins Großarl- und ins Gasteiner Tal

Das Großarltal wurde über einen Zeitraum von 1000 Jahren fast ausschließlich von der Landwirtschaft geprägt. Das hatte auch eine verstärkte Almwirtschaft zur Folge. Nicht zu Unrecht wird heute vom „Tal der Almen" gesprochen. Dass das schwere und oft entbehrungsreiche Leben der Menschen auf den Almen in die Sagenwelt Eingang gefunden hat, verwundert nicht, ganz im Gegenteil. So spielen Sennleute auch in der Sage um den Schuhflicker eine gewichtige Rolle. Je nachdem, welcher Version man folgt, ist es einmal der gottlose Senner, der in Stein verwandelt wird, ein anderes Mal sind es liederliche Schustergesellen, die die Senner belästigen und als Strafe für ihr gotteslästerliches Handeln während eines gewaltigen Gewittersturms auf den Berg hinaufgeschleudert und in Stein verwandelt wurden. An besonderen Tagen, so weiß die Legende zu berichten, ist tief drinnen im Berg das Ächzen und Seufzen der beiden Schustergesellen zu hören, die auf ewig dazu verdammt sind, den armen Sündern auf ihrem Weg in die Ewigkeit die höllisch brennenden Schuhe zu nageln.

Wir beginnen mit der Tagestour zu den beiden Gipfeln des Schuhflickers im Ortszentrum von Großarl, verlassen dieses in nordwestlicher Richtung, überqueren den Großarlbach und halten uns anschließend rechts. In nördlicher Richtung spazieren wir durch die Ortschaft Unterberg, vorbei an Hotels und Liftstationen, bis wir linker Hand zu zwei Abzweigungen kommen. Wir nehmen die zweite mit dem Hinweis zur Aualm. Zuerst geht es über einige Kehren auf der asphaltierten Straße bergauf, dann biegen wir aber hinter dem Gasthof Laireiter auf einen Wiesensteig ein und kürzen so den Weg ab. Nach einem kurzen Stück der Straße entlang wird bei der nächsten Möglichkeit wieder die Abkürzung genommen, die deutlich ausgeschrieben ist und wo ein Wegweiser auf den Wanderweg Nr. 34 bzw. 34 A verweist. Stellenweise haben es diese Abkürzungen durchaus in sich und erfordern eine gute Kondition. Die letzte Abkürzung nehmen wir von der Au-Heimalm, die kurz vor unserem ersten Etappenziel, der Aualm, wieder auf die Straße stößt. Bei unserem ersten Ziel angekommen, haben wir nach gut 3 Stunden Aufstieg bereits eine Höhe von 1795 Meter erreicht.

Hinter der Alm führt der anschließende Steig in nordwestlicher Richtung zuerst sanft ansteigend und dann etwas fordernder durch Matten von Almrosen- und Preiselbeerstauden in den

Kessel hinein. Nach ungefähr einer halben Stunde kommen wir zu einer Wegkreuzung, an der wir uns links halten, um nach einer kurzen Strecke auf den Weg Nr. 34 B zu treffen. Wir halten uns rechts und haben bald den Grat erreicht, auf dem der Goldgräberweg vom südlich gelegenen Arltörl verläuft. Ragt schon der erste der beiden Schuhflickergipfel wie ein erratischer Block in die Höhe, so thront der größere der beiden noch etwas erhabener über dem Tal. Ist man schnell unterwegs, liegen die beiden Gipfel nur eine Viertel(geh)stunde voneinander entfernt. Unterhalb des Gipfels liegt in nordwestlicher Richtung der kleine Schuhflickersee, der der Legende nach mit dem Tappenkarsee verbunden sein soll. Weil es am See meist recht windig ist, kehren wir rasch um und wandern nördlich des großen Gipfels in östlicher Richtung zurück. An der Wegkreuzung gelangen wir wieder an die Route Nr. 34, wobei wir uns links halten und zur Aualm zurückkehren. Von dort entspricht der Rückweg dem Hinweg. Wer sich den Abstieg ins Tal ersparen möchte, organisiert rechtzeitig die Abholung durch den Tälerbus (Tel. 0810/222 333).

14

Über dem Ellmautal zum Draugstein und weiter nach Hüttschlag

Almwanderung mit Berg- und Talblick

- **Tourcharakter:** Zweitagestour
- **Ausgangspunkt:** Marktplatz in Großarl
- **Endpunkt:** Bushaltestelle in der Ortschaft Karteis
- **Weglänge:** 18 km
- **Gesamtdauer:** 9 h
- **Höhenunterschied:** 1450 hm
- **Besonderheit:** Lohnender Abstecher auf den Draugstein

Im Ellmautal – es erstreckt sich von der Marktgemeinde Großarl auf einer Länge von etwa 5 Kilometern nach Osten – sind die Almen zu Hause. Sein Name leitet sich jedoch von den Ulmen ab, die hier besonders stark vertreten sind. So zahlreich sieht man sie sonst nicht im Großarltal. Mit Ausnahme des Aufstiegs zur Saukaralm verläuft die Route, was Höhenunterschiede und Schwierigkeit betrifft, sehr moderat. Die Almen liegen auf einer Höhe zwischen 1600 und 1850 Meter und auch die Abstecher auf den einen oder anderen Aussichtsberg enden bei knapp 2200 Meter. Einzig der graue Kalkstock Draugstein geht über 2300 Meter hinaus. Er bietet ein Gebirgspanorama vom Feinsten. Das Ellmautal lädt dazu ein, es als „Hüttenhupfer" zu umrunden, doch lohnt es auch, vom Spatkar über das Gründegg und von dort weiter bis zur Filzmoosscharte auf den Kämmen zu wandern. Auf dem Filzmoossattel, der das Ellmautal mit dem Karteisgraben verbindet, verlassen wir die Runde und kommen weiter südlich über Draugsteintörl und Karteistörl bei Hüttschlag wieder ins Tal.

Tag 1

Wir starten unsere Zweitagestour im Ortszentrum von Großarl, halten uns hinter dem Gemeindeamt, in dem auch die Tourismusinformation untergebracht ist, links und nehmen die erste Abzweigung, die uns in nordöstlicher Richtung zum Sonnseitweg hinaufführt. Wir überqueren diesen und folgen der Ausschilderung zu Hertas Rast – einem Wanderweg, der nach einer treuen Großarl-Touristin benannt ist. Von dort geht es weiter bis zum Gehöft des Vorderstadluck-Bauern. Anschließend orientieren wir uns am Wanderweg Nr. 65, der uns zuerst über Wiesen und später über Almweiden bis zur Forststraße führt, auf die wir rechter Hand abbiegen, um nach ein paar Metern links abzuzweigen und in nordöstlicher Richtung über einen schmalen Steig zur nicht bewirtschafteten Röschenbergalm zu kommen. Über besonders schöne Almwiesen führt der Steig weiter bis zur Saukaralm hinauf, sie ist mit 1850 Meter die höchstgelegene der rund 40 Almen im Großarltal. Sie ist aber noch weit mehr, denn sie bietet fraglos die schönste Aussicht in die Hohen Tauern im Süden sowie nördlich auf den Hochkönig und das Tennen- und Hagengebirge.

Fast ein wenig beschwipst von so viel Bergpanorama setzen wir unseren Weg knapp über der Hütte in östlicher Richtung fort, halten uns dabei an die Markierung Nr. 64 und erreichen so über das Spatkar die Trögseen – typische Lacken, die im Sommer durchaus zur Abkühlung geeignet sind. Den Grat entlang wandern wir auf das 2168 Meter hohe Gründegg, genießen den Blick ins Ellmautal und über die Spitzen und Grate und gehen von dort weiter über den Kamm in südlicher Richtung. Dabei kommen wir westlich am Rossfeldegg vorbei und nach einer weiteren Kammwanderung von etwa einer Stunde zum Herrenköpfel, wo wir aber zuvor in westlicher Richtung abbiegen und zur Loosbühelalm hinuntergehen. Hier haben wir unsere Übernachtung geplant.

Tag 2

Nach einem deftigen Frühstück auf der Loosbühelalm geht es am nächsten Tag in südwestlicher Richtung über die Achtalm zur Filzmoosalm und von dort weiter auf dem Filzmoossattel. Wir wählen dafür aber nicht die Route auf dem eigentlichen Almwanderweg, sondern steigen von der Filzmoosalm nach Südwesten hinauf Richtung Gamsköpfl, das wir dann links liegen lassen und zum Filzmoossattel hinunterwandern. Das nächste Etappenziel ist der 2359 Meter hohe Draugstein. Allein schon wegen des phänomenalen Panoramas ist der etwa einstündige Aufstieg auf den Kalkberg in jedem Fall mehr als lohnenswert. Gegen Norden zeigen sich die Kalkalpen mit Dachstein, Tennen- und Hagengebirge sowie dem prägnanten Massiv des Hochkönigs, im Süden und Westen geht der Blick in die Hohen Tauern bis zum Großglockner. Nicht zu übersehen ist außerdem der südöstlich gelegene Tappenkarsee, einer der größeren Seen in den Radstädter Tauern.

Zurück zum Filzmoossattel nehmen wir die dieselbe Route wie für den Anstieg. Dann halten wir uns links und verlassen den immer windigen Sattel in südöstlicher Richtung. Wir biegen bei der nächsten Weggabelung nicht rechts ab, sondern peilen auf dem Weg Nr. 54 das Draugsteintörl an. Auf dem Weg 702 A, aus dem nach einer Wanderzeit von etwa einer Stunde der Weg 721 wird, gelangen wir schließlich zum Karteistörl und weiter ins Tal hinunter zur Halmoosalm auf 1300 Meter. Über Mühlegg geht es dann weiter hinab, bis wir in Karteis die Bushaltestelle an der Landesstraße erreicht haben.

15

Im Großarltal von Kapelle zu Kapelle

11 Kapellen und zwei Kirchen

- **Tourcharakter:** Tagestour
- **Ausgangs- und Endpunkt:** Großarl, Kirchplatz
- **Weglänge:** 17,5 km
- **Gesamtdauer:** 7 h
- **Höhenunterschied:** 90 hm
- **Besonderheit:** Wandern mit spirituellem Hintergrund

Die Zehn Gebote, der Dekalog, wie sie der Überlieferung nach auf dem Berg Sinai von Gott an Moses übermittelt wurden, schufen die ethische Grundlage des Judentums und des Christentums. Nach dem Konzil von Trient Mitte des 16. Jahrhunderts wurden sie zur Grundlage für eine katholische Morallehre und Gewissenserforschung. Auch die abendländische Rechtsordnung baut auf den Zehn Geboten auf. Das spirituelle Thema der Großarler Kapellenwanderung befasst sich ebenfalls mit ihnen und mit Gedanken darüber, wie bestimmend die Zehn Gebote für unser tägliches Leben auch außerhalb des kirchlichen Kalenders sind.

Was hat es überhaupt mit Kapellen auf sich, und worin unterscheiden sie sich von Kirchen? Abgesehen von Kapellen, die als Teile von Kirchen, Palästen oder anderen Profanbauten gelten, gibt es auch frei stehende Kapellen, die vielfach die Funktion von Wegkapellen haben. Der Begriff „Kapelle" ist aus dem Lateinischen *cappa*, was so viel wie Mantel bedeutet, abgeleitet. Die Verkleinerungsform *capella* bezeichnete ursprünglich jenen Ort in Paris, an dem im 7. Jahrhundert n. Chr. die Mantelhälfte des heiligen Martin von Tours als Reliquie verehrt wurde. Der Unterschied zu einer Kirche besteht darin, dass die Kapelle keine eigene Rechtsstellung hat. Kapellen müssen auch nicht unbedingt ein Patrozinium tragen, das heißt, sie müssen nicht einem oder einer bestimmten Heiligen geweiht sein.

Der Ausgangspunkt für die Tagestour liegt bei der Pfarrkirche in Großarl, die sehr markant, flankiert vom 1770 erbauten Pfarrhof, über dem Ort steht. Errichtet wurde sie auf einem südlichen Felssporn des Ellmautals, einem der 18 Seitentäler des Großarltals. Der Vorgängerbau der heutigen Kirche stammt höchstwahrscheinlich aus der ersten Hälfte des 14. Jahrhunderts, jedenfalls aus einer Zeit, als Großarl noch von der Pfarre St. Veit mitbetreut wurde. Von der Pfarrkirche aus gehen wir entlang der Straße taleinwärts bis zur nächsten Weggabelung, an der wir uns links halten und bergauf bis zur nächsten Kehre wandern. Nach der Abzweigung folgen wir einem idyllischen Wiesenweg bis zur Laireitingkapelle. Von dort folgen wir dem Steig bis zur Landesstraße, die wir überqueren, um gleich danach rechts abzubiegen und zwischen den Häusern in einem südwestlich ausgerichteten Bogen bis zum Aignerbach zu gehen. Nach dem Überqueren des Baches geht es der Achenpromenade entlang flussaufwärts, bis wir auf der ersten Brücke Straße und Bach queren und auf dem Radweg zur Bichlkapelle gelangen.

Anschließend wandern wir auf dem Güterweg bergab bis zur Landesstraße, in die wir rechter Hand einbiegen und ein kurzes Stück talauswärts gehen. Bei der nächsten Abzweigung auf der linken Seite biegen wir in den „Panorama-Wanderweg" ein, auf dem wir nach einer längeren Steigung die Figlerkapelle erreichen. Von ihr führt der weitere Weg bis zur Weggabelung zurück, an der wir rechts abbiegen und auf dem Panorama-Wanderweg taleinwärts wandern, wobei wir einige Bauernhöfe und den Oflegg, die einzige Felsstufe im Tal und steilste Stelle des gesamten Großarler Kapellenweges passieren. Anschließend wandern wir auf dem Güterweg abwärts, überqueren die Landesstraße und kommen auf einem anderen Güterweg bis zum Wald hinauf. Ein schmaler Steig führt in den Wald hinein, dem sich ein Wiesenweg bis zur Neuhofkapelle anschließt.

Ab der Neuhofkapelle bleiben wir auf dem Wiesenweg, bis wir die alte Hüttschlager Straße erreichen, auf der wir am Tunnel vorbeigehen. Danach überqueren wir die Landesstraße und kommen in Hüttschlag zur Schappachkapelle. Weiter geht's durch das Ortszentrum, am Gemeindeamt vorbei bis zur Hüttschlager Kirche, die dem heiligen Josef geweiht ist. Wir durchqueren den Friedhof und verlassen ihn beim hinteren Ausgang, von wo wir im Weiteren über einen Steig und entlang der asphaltierten Straße in die Ortschaft Wolfau gelangen. Gegenüber des Fußballplatzes zweigt der Weg zur Kapelle ab. Anschließend müssen wir auf dem Steig ein kleines Stück zurückgehen und uns an der Gabelung rechts halten, dann geht es weiter taleinwärts. Am Ende der Ortsdurchfahrt biegen wir auf einen schmalen Weg ein, auf dem wir in Richtung Wald wandern, bis wir vor dem Karteisdörfl wieder auf die Landesstraße kommen. Die Kapelle steht gleich nach der Brücke.

Nach der Karteiskapelle geht es auf der Straße weiter bergauf. Beim Hotel Karteis biegen wir rechter Hand in eine

Schotterstraße ein und gelangen auf dieser wieder zur Landesstraße und damit auch zur Maurachkapelle, in der den Sommer über einmal im Monat eine Messe gefeiert wird. Ab der Maurachkapelle folgen wir wieder weiter der Landesstraße taleinwärts, bis kurz vor einer Straßenbrücke der Weg zum Haussteingut abzweigt. Diesem folgen wir bis zum Talmuseum. Anschließend haben wir noch ein kurzes Stück bis zur Hubertuskapelle vor uns. Wie der Name schon verrät, ist diese Kapelle dem heiligen Hubertus, dem Patron der Jäger, der Natur und Umwelt, geweiht. Der Legende nach soll der heilige Hubertus einen Hirsch mit einem Kreuz zwischen den Geweihstangen gesehen und gleichzeitig eine Stimme vernommen haben: „Vergiss wegen der Dinge dieser Welt das ewige Leben nicht!"

Von der Hubertuskapelle geht es auf einem schmalen Pfad weiter taleinwärts bis zum Pertill-Güterweg, an dem die nächste Kapelle steht. Sie wurde 1951 als Dank für die glückliche Heimkehr aus dem Zweiten Weltkrieg errichtet. Für den Rückweg nehmen wir den Postbus, dessen Haltestelle beim Parkplatz ist (Tel. 0810/222 333). Davor haben wir uns aber beim Talwirt eine deftige Jause verdient.

Der Talwirt im Nationalpark – das beliebte Ausflugsziel im Tal der Almen. Ausgangspunkt faszinierender Wanderungen und Endstation des Kapellenwanderweges. Geöffnet von Anfang Mai bis Ende Oktober und von Weihnachten bis Mitte März. Auch für Busgruppen geeignet.

Talwirt im Nationalpark, See 30, 5612 Hüttschlag,
Tel. 06417/444 oder 0664/1314601,
talwirt@a1.net, www.talwirt.at

16

Von Hüttschlag zum Schödersee

**Einer der schönsten Talschlüsse
in den Hohen Tauern**

- **Tourcharakter:** Tagestour
- **Ausgangs- und Endpunkt:** Hüttschlag, Parkplatz Talwirt
- **Weglänge:** 10 km
- **Gesamtdauer:** 5 h
- **Höhenunterschied:** 300 hm
- **Besonderheit:** Sich periodisch füllender und entleerender See

Wir sehnen uns danach, der Zeit die Spitze zu nehmen – das hat im Großarltal beste Aussichten auf Gelingen. Das zweitlängste Tal in den Hohen Tauern präsentiert sich nach dem Motto: In der Ruhe liegt die Kraft. Je mehr man sich dem Talschluss nähert, umso deutlicher ist das zu spüren. Schon die kleine Nationalpark-Gemeinde Hüttschlag gibt plastischen Anschauungsunterricht in Sachen dörflicher Ruhe. Im Mittelalter wurden hier Kupfer und Schwefel gewonnen, während heute die Landwirtschaft im Vordergrund steht. 7 Kilometer weiter taleinwärts, wo heute die Gebäude des Talmuseums, der Nationalpark-Infostelle und des Talwirts stehen, senkt sich der Puls zusehends unter dem Eindruck einer imposanten Gebirgslandschaft, die nur wenige Eingriffe zu verkraften hat. Bis zur Ausweitung des Nationalparks Hohe Tauern über das Gasteiner und Rauriser Tal in den Lungau hinein im Jahr 1991 bestand der hintere Talboden nur aus Sumpfwiesen, die als Hinweis auf einen früheren See übriggeblieben sind. Als Auftakt zur Wanderung bietet sich ein Besuch des Talmuseums mit altem bäuerlichem Kulturgut und der Nationalpark-Infostelle an, die eine Ausstellung über die "Geheimnisse des Bergwaldes" zeigt.

Von der Nationalpark-Infostelle gehen wir zuerst in süd-westlicher Richtung, bis wir zur Abzweigung zum 50 Meter hohen, stäubenden Kreealm-Wasserfall kommen. Nach dem Wasserfall spazieren wir auf einem asphaltierten, fast ebenen Weg taleinwärts und passieren dabei weite Sumpfwiesen, die auf einen mittlerweile fast verlandeten See hinweisen. Hinter dem Rastplatz mit Kneipp-Anlage beginnt der Anstieg zum Schödersee dann etwas anstrengender zu werden, führt der Steig doch über größere Steinquader, die wegen der Nähe zum Bach gerne nass und rutschig sind. Als Entschädigung dafür rauscht, strudelt, sprüht und stiebt der Schöderbach über mindestens ebenso große Steine unmittelbar neben dem Weg und stellenweise ist es reines Glück, dass den Wanderern etwas Platz für den Anstieg bleibt.

Nach etwa 2 Stunden haben wir den Schödersee, auch "Schöder-lacke" genannt, erreicht, der je nach Jahreszeit und Witterung entweder ausgetrocknet oder gefüllt ist. Der Grund für dieses Naturphänomen liegt in den großen Blockmassen, die den hintersten Talabschnitt abgeriegelt haben, sodass ein Becken entstand. Während der Zeit der Schneeschmelze und nach starken Regenfällen füllt sich dieses Becken und somit auch der See. Wer die Tour noch ausdehnen möchte, wandert in südlicher Richtung weiter bergan und erreicht nach 800 Höhenmetern die Arlscharte, den Übergang ins kärntnerische Maltatal. Wir nehmen den Hinweg auch wieder zurück zum Talmuseum.

17

Wagrainer Kulturspaziergang

Auf den Spuren von Waggerl und Mohr

■ **Tourcharakter:** Nachmittagsausflug
■ **Ausgangs- und Endpunkt:** Wagrain, Kirchboden
■ **Weglänge:** 2,5 km
■ **Gesamtdauer:** 2 h
■ **Höhenunterschied:** 100 hm
■ **Besonderheit:** Wettstreit zwischen Geschichte und Landschaft

Karl Heinrich Waggerl, 1897 in Bad Gastein geboren, und Pfarrer Joseph Mohr, 1792 in der Stadt Salzburg zur Welt gekommen, könnten als die zwei Wagrainer Dorfheiligen beschrieben werden. Allerdings ist dieses Bild doch etwas schief: Wagrain ist längst kein Dorf mehr, sondern ein Markt, und das schon seit Mitte des 16. Jahrhunderts, und dass

Waggerl kein Heiliger war, hat beileibe nicht nur mit seinem Hang zum Nationalsozialismus zu tun, sondern auch mit manch pikantem Detail seiner Frauengeschichten. Joseph Mohr kam 1837 nach Wagrain, nachdem er vorher in einem guten halben Dutzend anderer Pfarren im Herzogtum Salzburg tätig war. Er passt schon besser ins Bild des Dorfheiligen: als Textdichter von „Stille Nacht, Heilige Nacht", und mehr noch als dörflicher Sozialreformer, der einen ungetrübten und realistischen Blick auf das Sozialgefüge in den dörflichen Strukturen des 19. Jahrhunderts hatte, als Salzburg durch die europäische Politik im Zuge der napoleonischen Verwerfungen zum Ver-blühen verdammt war. Schon als das Fürsterzbistum in den letzten Zügen lag, waren die Kassen leer, und es fehlten die Mittel für notwendige Reformen. Noch schlimmer für die ländliche Bevölkerung waren jedoch die folgenden Jahrzehnte, als der ehemals selbstständige Fürstenstaat als Herzogtum Salzburg von Linz aus verwaltet wurde. Joseph Mohr initiierte den Neubau der Schule und gründete einen Ausgleichsfonds, um den Kindern mitteloser Eltern den Schulbesuch zu ermöglichen, und kümmerte sich neben den Armen auch um die Alten im Ort. Mohr starb im Revolutionsjahr 1848 und ist in einem Ehrengrab auf dem Wagrainer Friedhof beigesetzt. Karl Heinrich Waggerl kam 1920 als Lehrer nach Wagrain und lebte dort bis zu seinem Tod 1973. Im Wohnhaus auf dem Kirchboden hat die Marktgemeinde Wagrain, die durch ein Vermächtnis der Witwe Waggerls in den Besitz des Hauses kam, ein Museum eingerichtet, das der Kulturverein „Blaues Fenster" betreut.

Unser Kulturspaziergang beginnt beim Parkplatz an der Ecke Kirchboden und Joseph-Mohr-Weg, über den wir dann bis zur Pfarrkirche spazieren und anschließend links in die Waggerlstraße einbiegen, um einen Blick auf die nach Joseph Mohr benannte Schule zu werfen. Die frühgotische Pfarrkirche wurde Mitte des 14. Jahrhunderts als Filialkirche von Altenmarkt gegründet und 1857 zur Pfarrkirche erhoben. Auf dem Weg durch den Friedhof, der rund um die Pfarrkirche angelegt ist, besuchen wir die Ehrengräber von Mohr und Waggerl. Wir verlassen den Friedhof und gehen auf der Ostseite ein kurzes Stück die Straße entlang weiter, die am Ende in zwei Wanderwege mündet. Wir nehmen den mit der Beschilderung „Ölschlagerweg" und wandern etwa einen Kilometer immer geradeaus, am ehemaligen Pflegerschlössl vorbei, bis wir auf die Hauptstraße stoßen und damit auch auf die Marktkirche. Weil die Glocken der Pfarrkirche auf dem Kirchboden unten im Markt nicht zu hören waren, beauftragte Fürsterzbischof Markus Sittikus von Hohenems den Dombaumeister Santino Solari mit dem Bau dieser Kirche, die allerdings erst unter seinem Nachfolger Paris Lodron fertiggestellt wurde und heute als Aufbahrungshalle dient. Wir gehen anschließend ein Stück in südliche Richtung und biegen bei der nächsten Möglichkeit nach links ab, um zum Waggerl-Haus hinaufzugelangen. Auf dem Weg dorthin passieren wir den Burghügel, wo einst die Burg der Herren von Goldegg stand. Unser abschließender Besuch gilt dem Waggerl-Haus, in das der Dichter mit seiner Frau 1920 einzog und zuerst nur die beiden Kammern unter dem Dach bewohnte. Neben Teilen der Originaleinrichtung wird auch Volkskunst gezeigt, die von Waggerl selbst gesammelt wurde. Um zum Parkplatz zurückzukehren, gehen wir vom Waggerlhaus rechter Hand zur Kreuzung vor und biegen links in den Kirchboden ein.

18

Mit dem Mountainbike über den Frauenalmsattel

Radeln in den Radstädter Tauern

- **Tourcharakter:** Ausgedehnte Radtour 🚲
- **Ausgangs- und Endpunkt:** Parkplatz vis à vis Moadörfl
- **Weglänge:** 38 km
- **Gesamtdauer:** 6 h
- **Höhenunterschied:** 900 hm
- **Besonderheit:** Gute Kondition ist gefragt

Lifttrassen und Seilbahnstützen lassen erahnen, was hier im Winter los ist. Der kritische Blick darauf regt die Frage an, wie robust die Natur tatsächlich sein muss, dass sie das alles aushält. Und der Sommer muss – ob ihm das recht ist oder nicht – mit dem Handicap auskommen, dass er die Wunden zeigt, die der Skitourismus geschlagen hat. Die den Radstädter

Tauern vorgelagerten Höhenzüge zeichnen sich durch milde Kuppen und sanfte Übergänge aus, was sie für den Wintersport so attraktiv macht. Aber auch der Sommer profitiert davon – so wie wir, die mit dem Fahrrad unterwegs sind, genauer mit dem Mountainbike. Dabei geht es auf gut 1800 Meter hinauf, womit wir die Scheitelstrecke des Tauernpasses um 100 Meter übertrumpfen.

Der Ausgangspunkt für die sehr ambitionierte Rundstrecke liegt an der B 163 beim Parkplatz vis à vis Moadörfl. Von dort geht es in Serpentinen hinauf bis zum Daarmoossee. Auf dem Weg dorthin kommen wir noch beim Bauernhofmuseum Edelweißalm vorbei. Die nächste Etappe führt uns bis zur Mittelstation der Gondelbahn auf das Grießenkareck mit dem etwas eigenwilligen Namen „Flying Mozart". Die ersten 300 Höhenmeter sind geschafft. Von der Mittelstation geht es zuerst in südlicher Richtung entlang des Fürbachs bergauf, ehe wir zu einer scharfen Rechtskurve gelangen, nach der wir kurz in westlicher und dann in südlicher Richtung auf der Baierwaldstraße weiter bergauf radeln. Bei der nächsten Weggabelung halten wir uns links und kommen zur Oberen Schüttalm. Vom Berggasthof Schüttalm aus erreichen wir in östlicher Richtung den Frauenalmsattel, der immerhin auf 1850 Meter liegt. Danach geht es bergab, an der Frauenalm vorbei und über eine Handvoll engerer und weiterer Serpentinen hinab ins Tal, schließlich unter der Trasse der Tauernautobahn hindurch, um sie kurz danach zu überqueren. Der Enns entlang radeln wir nach Flachau und fahren durch den Ort hindurch talauswärts. Nach der Ortschaft Unterberg kommen wir zum ersten Kreisverkehr, bei dem wir uns im 90-Grad-Winkel links halten, um in westlicher Richtung zum zweiten Kreisverkehr zu gelangen, den wir wieder im 90-Grad-Winkel verlassen. Anschließend radeln wir neben der B 163 zur Ortschaft Moadörfl und damit zum Ausgangspunkt zurück.

19

Vom Jägersee zum Tappenkarsee

An den Küchenseen der Erzbischöfe

- **Tourcharakter:** Tagestour
- **Ausgangs- und Endpunkt:** Talschluss Kleinarl, Parkplatz Jägersee
- **Weglänge:** 20 km
- **Gesamtdauer:** 8 h
- **Höhenunterschied:** 750 hm
- **Besonderheit:** Erfrischung im See

Die „harten" Fakten zum Tappenkarsee sind rasch aufgezählt: Er hat eine Fläche von 31 Hektar und eine Tiefe von bis zu 50 Metern und liegt auf knapp 1800 Meter. Damit ist er einer der höchstgelegenen Alpenseen in den Niederen Tauern. Doch zu einem richtigen Bergsee gehören auch Sagen, Legenden und schaurige Geschichten. So auch die des Lindwurms oder Tatzlwurms, der einst im See gehaust und dort ein grausiges Ende gefunden haben soll: Weil das ebenso scheußliche wie gefährliche Tier immer wieder auf seinen Beutezügen den See verließ und sich von den umliegenden Almböden nicht nur Weidevieh zum Fraß holte, sondern auch den einen oder anderen Hüterbuben, kamen findige Bauern auf die Idee, eine Kuhhaut mit Stroh und Schießpulver zu füllen und als Lockvogel ans Seeufer zu stellen. Prompt fiel der Tatzlwurm auf die Attrappe herein, biss zu und explodierte. Das Wenige, das von ihm übrigblieb, ruht in den Tiefen des Sees.

Der kleinere Bruder des Tappenkarsees ist der auf 1100 Meter liegende Jägersee. Gespeist wird er vom Kleinarlbach, der wiederum aus dem Tappenkarsee abfließt. In dem sich am Südufer anschließenden Naturschutzgebiet sind einige rare Pflanzen wie auch der Frauenschuh beheimatet. Das von Fürsterzbischof Franz Graf von Harrach 1718 erbaute und heute als Gasthaus geführte Jagd- und Fischerhaus, weist schon darauf hin, dass hier neben der Jagd auch die Fischerei eine große Rolle gespielt haben muss. Tatsächlich zählten der Tappenkarsee und der Kleinarler See, wie der Jägersee früher genannt wurde, zu den Eigen- oder Hofküchenseen des Fürsterzbischofs. Insgesamt gab es fünf dieser Seen, aus denen der fürsterzbischöfliche Hof in der Stadt Salzburg mit Fischen und Krebsen versorgt wurde. Neben den beiden genannten zählten noch der Fuschl- und der Hintersee sowie der in der Nähe von Laufen liegende Abtsdorfer See, auch Abtsee genannt, dazu. Die Fischbestände in den Salzburger Seen waren eine wichtige Nahrungsquelle für den Hof, weshalb die jeweiligen Fürsterzbischöfe ein vitales Interesse an ihnen hatten und bei den meisten Gewässern das Fischereirecht für sich beanspruchten. Mit der Säkularisierung des Domkapitels 1514 wurde sogar das eigene Amt eines Fischmeisters eingerichtet und einem der Domherren verliehen. Für die Hofküchenseen waren eigene Hoffischer in Diensten, die den gesamten Fang gegen Fanggeld und andere Bezüge an den Hof abzuliefern hatten. Aus der „Kurzen Fischereigeschichte des Erzstifts Salzburg" von Hans Freudlsperger wissen wir, dass die Saiblinge aus dem Tappenkarsee als Setzlinge im Jägersee ausgesetzt wurden und von dort in den Hintersee und nach Hellbrunn „übersiedelten", ehe sie auf der fürsterzbischöflichen Tafel landeten.

Wir starten unsere Tagestour beim Parkplatz Jägersee und halten uns hinter dem ehemaligen fürsterzbischöflichen Jagd- und Fischerhaus rechts und gehen von dort auf einem schmalen Weg am Westufer entlang. Nach dem Schilfgebiet treffen wir auf eine Weggabelung, bei der wir uns links halten und kurz danach auf den Tappenkarseeweg einbiegen. Hier geht es auf einer beinahe flachen Forststraße bis zur Schwabalm auf 1191 Meter. Danach steigt der Weg an, führt zuerst durch lichte Wälder und zieht sich dann über stellenweise steile Serpentinen bis zum Tappenkarsee hinauf. Wir gehen am Westufer des Sees weiter, kommen an der Tappenkarseealm vorbei und haben unser Ziel bei der Hütte, die etwas südlich und oberhalb des Sees liegt, erreicht. Der Rückweg führt entlang des Hinweges.

Die Statistik weist es aus. Die österreichische Ski-National-mannschaft bestand 2012 zu knapp einem Drittel aus Athleten, deren Heimat der Pongau ist: Andrea Fischbacher, Michaela Kirchgasser, Joachim Puchner, Hannes Reichelt und Philipp Schörghofer. Aber auch der Gasteiner Hans Grugger, der den Kader nach seinem schicksalhaften Sturz auf der Streif in der Saison 2010/11 verlassen hat, ist ein Pongauer.

Der Blick zurück verrät nichts anderes, ganz im Gegenteil. Selbst wenn der Prozentanteil kleiner ausgefallen sein mag, die Leistungen einzelner Athleten waren so überragend, dass diese nicht nur österreichische, sondern auch internationale Sportgeschichte geschrieben haben. Allen voran steht die Kleinarlerin Annemarie Moser-Pröll. 1968 hat sie mit 14 Jahren an ihrem ersten Weltcuprennen teilgenommen, zu einer Zeit, als in Bad Gastein noch das Silberkrugrennen ausgetragen wurde. Sie landete auf dem letzten Platz, um im Jahr darauf beim Abfahrtsrennen im französischen Saint-Gervais-les-Bains den sensationellen zweiten Platz hinter der Französin Isabelle Mir einzufahren. Von da an stand Siegen auf dem Programm. Die Liste ihrer Siege und Erfolge ist ebenso beeindruckend wie einzigartig. Sechs Mal wurde sie Weltcup-Gesamtsiegerin, viermal Weltmeisterin und 1980 holte sie nach, was ihr bei den olympischen Winterspielen in Sapporo verwehrt geblieben war, sie gewann Gold in der Abfahrt. Insgesamt gehen erstaunliche 62 Weltcupsiege auf ihr Konto. Als sie 1999, gut 30 Jahre nach dem ersten Weltcuprennen, zur Sportlerin des Jahrhunderts gewählt wurde, war dies mehr als eine große Selbstverständlichkeit und hat das Ausnahmetalent, das über zehn Jahre den Ski-Weltcup der Damen bestimmt hat, noch einmal gebührend ins Licht gestellt.

Die Bilder des kapitalen Sturzes von Hermann Maier 1988 in Nagano sind um die Welt gegangen, ebenso die Nachricht, dass er drei Tage später die Goldmedaille im Super-G gewann. Maier war 23, als er sein Weltcup-Debüt gab und dabei den 23. Rang erreichte. Die anschließende Erfolgsgeschichte liest sich fast wie ein Märchen – oder auch ein Krimi. Aber der größte Triumph war neben 54 Weltcupsiegen, 5 goldenen, 3 silbernen und 2 bronzenen Medaillen bei Olympischen Spielen und Weltmeisterschaften sicherlich das gelungene Comeback Maiers beim Hahnenkammrennen 2003. Es war knapp zwei Jahre nach dem folgenschweren Verkehrsunfall, als er mit dem Sieg im Super-G sein enormes Können, das ihn viermal den Gesamtweltcup gewinnen ließ, ein weiteres Mal eindrucksvoll unter Beweis stellte, wie fünf Jahre zuvor nach seinem Sturz in Nagano.

Mit Petra Kronberger, die als erste alpine Skiläuferin in allen fünf Disziplinen siegte, und Michael Walchhofer, der 2003 im WM-Abfahrtslauf in St. Moritz Gold gewann, sind zwei weitere Pongauer Ausnahmetalente zu nennen. Kronberger gewann insgesamt dreimal den Gesamt-Weltcup und Walchhofer darf sich rühmen, mit knapp 36 Jahren als der älteste Sieger einer Weltcup-Abfahrt im Buch der Rekorde notiert zu sein. Selbstverständlich sei auch an die Radstädterin Josefa Frandl erinnert, die ihre Erfolge in den 1950er-Jahren feierte.

Die eingangs gestellte Frage ist schnell beantwortet: Es liegt weder an den Genen noch an der Luft. Aber woran liegt es dann? Herausragende Athleten gibt es in allen Regionen und zu allen Zeiten. Die wichtigste Frage dabei ist, ob auch der entsprechende Humus vorhanden ist, damit sich das Talent entwickeln kann. Für Annemarie Moser-Pröll hat der Skiproduzent Albin Rohrmoser den nötigen Humus geschaffen. Die Nachfolge-Generationen hatten darüber hinaus Vorbilder und wurden im Sinne einer institutionalisierten Nachwuchspflege schon sehr früh in die entsprechenden

Bahnen gelenkt. Zugegeben, es ist simpel zu sagen, jede Region verdient die Stars, die sie hervorgebracht hat. Simpel deswegen, weil die Aussage ihre Berechtigung nur dann hat, wenn von Erfolgen die Rede ist. Im FIS Landesskimuseum in Werfenweng werden neben der Erfolgsgeschichte des Salzburger Skiverbandes auch besondere Exponate gezeigt, etwa die Skiausrüstung von Michael Walchhofer bei der WM in St. Moritz oder ein Nachbau einer Skibrille des norwegischen Naturforschers und Friedensnobelpreisträgers Fridtjof Nansen, der als erster Mensch Grönland auf Skiern von Ost nach West durchquerte.

Der Sonne entgegen

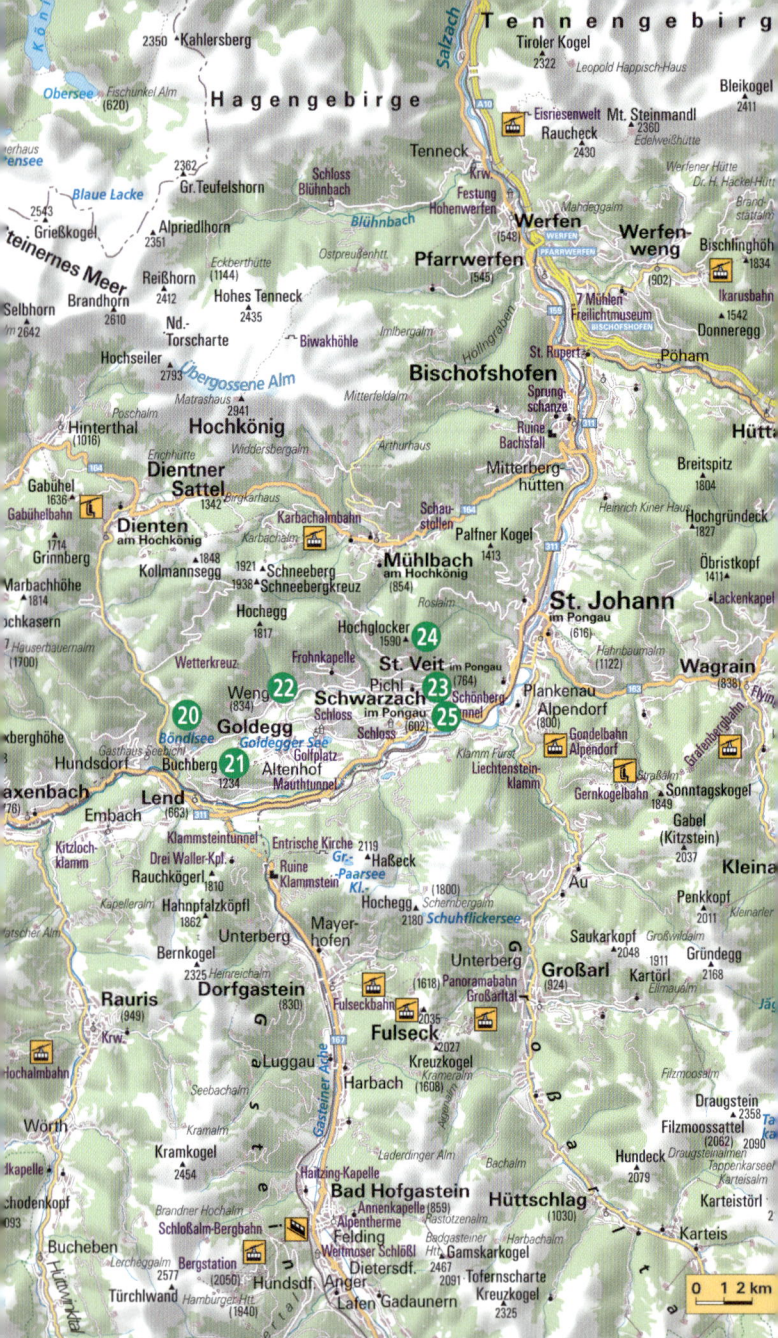

Auf den Terrassen über der Salzach

Die Sonnenterrasse über dem Salzachtal mit Goldegg und St. Veit umfasst einen der lieblichsten Abschnitte des Pongaus. An den Ausläufern der sanften Hügel der Salzburger Grasberge oder des Schiefergebirges, wie es auch genannt wird, haben sich Terrassen gebildet, die oberhalb der Talsohle zum idealen Siedlungsgebiet geworden sind. Schloss Goldegg und das etwas weiter östlich gelegene Schloss Schernberg gehen auf das 12. Jahrhundert zurück. Das 1973 von der Gemeinde Goldegg erworbene Schloss wurde zu einem Seminar- und Kulturzentrum ausgebaut, in dem auch das Pongauer Heimatmuseum untergebracht ist. Schloss Schernberg wurde 1845 von Erzbischof Kardinal Fürst von Schwarzenberg erworben, der es zu einer Kranken- und Versorgungsanstalt umbauen ließ. Mit der Verpflichtung, dass es immer ein Heim für pflegebedürftige Menschen bleiben müsse, überließ Schwarzenberg das Heim dem Orden der Barmherzigen Schwestern vom heiligen Vinzenz von Paul. 2007 wurde die St. Vinzenz-Heim Betriebsgesellschaft gegründet, um auch für die Zukunft eine angemessene Begleitung der dort lebenden Menschen mit körperlichen und geistigen Beeinträchtigungen nachhaltig sicherzustellen.

Während in Goldegg der Neubau des Schlosses am Bühel über dem See, das seine Form seither kaum verändert hat, gleichzeitig mit der Kirche um die Mitte des 14. Jahrhunderts fertiggestellt wurde, war St. Veit als sogenannte Kirchensiedlung gegründet worden. Erste urkundliche Erwähnungen gehen auf das Jahr 1074 n. Chr. zurück. Die dem heiligen Vitus geweihte Kirche steht, wie es sich für eine Kirchensiedlung gehört, etwas erhaben über dem Ort, der sich rund um sie schmiegt. Wie tonangebend die Kirche von Anfang an war, beweist neben dem großen Einzugsgebiet der Pfarre, das sich bis ins Großarltal erstreckte, auch der Umstand, dass eine Darstellung des Kirchenpatrons das Wappen der seit 1425 zum Markt erhobenen Gemeinde prägt. Der heilige Vitus (auch Veit) starb als Märtyrer unter Kaiser Diokletian. Er ist einer der 14 Nothelfer und wurde bei Krämpfen, Epilepsie und Tollwut, aber auch bei Bettnässen und Schlangenbissen angerufen. Der nach ihm benannte „Veitstanz" ist die veraltete Bezeichnung für die Erkrankung Chorea Huntigton, einer vererblichen neuro-degenerativen Erkrankung des Gehirns, die zu Bewegungsstörungen und psychischen Auffälligkeiten führt. Dargestellt wird der heilige Veit – so auch auf dem Wappen der Marktgemeinde – als junger Mann, der in einem siedenden Ölbad steht. 1355 wurde das Haupt des Märtyrers in den ihm zu Ehren erbauten Veitsdom in Prag überführt und dort bestattet.

Die nebelfreie, windgeschützte und von der Sonne verwöhnte Höhenlage hatte 1912 auch den Ausschlag gegeben, dass St. Veit für den vom Land Salzburg initiierten Bau einer Lungenheilanstalt ausgesucht wurde. Im Jahresdurchschnitt scheint die Sonne selbst an kurzen Wintertagen bis zu siebeneinhalb Stunden und maximal 14 Stunden im Sommer. Ruhe, saubere Luft, viel Sonne und entsprechende Bewegung waren bis zur Erfindung des Penicillins die einzigen Hilfsmittel zum Auskurieren einer Lungentuberkulose. Seit etwa 40 Jahren stehen spezielle Antibiotika zur Behandlung dieser bakteriellen Infektionskrankheit zur Verfügung. Zur Zeit der Wende vom 19. zum 20. Jahrhundert stellte die Tuberkulose (TBC), früher auch Schwindsucht genannt, eine drastische Gefährdung der Volksgesundheit dar. Mit knapp 12 Prozent aller Todesursachen lag sie in der Sterblichkeitsstatistik sehr weit vorne. Aktuell beläuft sich die Zahl der in Österreich an TBC-erkrankten Menschen auf etwa 800. Im Jahr 1975 wurde die Lungenheilanstalt Grafenhof in die Landesklinik St. Veit umgewandelt, die heute einen integralen Bestandteil des Salzburger Universitätsklinikums darstellt. Dass nach Schätzungen der WHO (Weltgesundheitsorganisation) weltweit nach wie vor jährlich etwa 2 Millionen Menschen an TBC sterben, liegt vor allem in den hohen HIV-Infektionsraten in Afrika und den Lebensumständen in China und Indien begründet, denn Menschen mit geschwächtem Immunsystem sind besonders anfällig für TBC.

Es ist der Initiative des damaligen Salzburger Landeshauptmanns Prälat Alois Winkler zu verdanken, dass die Lungenheilanstalt Grafenhof, übrigens nach wie vor der größte Holzbau im Land Salzburg, errichtet wurde. Thomas Bernhard war Anfang der 1950er-Jahre einer der Patienten, und der Aufenthalt darf als maßgeblich für seine spätere literarische Arbeit angesehen werden. Aufschluss über die Erlebnisse und Erfahrungen Bernhards in Grafenhof liefern die einzelnen Stationen auf dem nach ihm benannten Weg.

Zeitgleich mit dem Erwerb von Schloss Schernberg und dessen Ausbau zu einem Pflegeheim erwarb Erzbischof Friedrich von Schwarzenberg auch das ehemalige Missionshaus der Jesuiten in Schwarzach, die Leopold Anton Freiherr von Firmian gut 100 Jahre vorher ins Land geholt hatte, um dem protestantischen Glauben den Garaus zu machen, und gründete damit jene Kranken- und Versorgungsanstalt, die heute als das Kardinal Schwarzenberg'sche Krankenhaus das zweitgrößte Klinikum des Landes ist. Pikant ist in diesem Zusammenhang der Umstand, dass beim Bau der 1875 eröffneten Giselabahn von Salzburg über Zell am See nach Tirol in Schwarzach kein Bahnhof errichtet wurde, weil der Verwalter des Spitals eine zu hohe Grundablöse verlangt hatte und die Verhandlungen sich deshalb zerschlugen. Erst nach einem Vorstoß des damaligen St. Veiter Bürgermeisters anlässlich einer Kaiseraudienz in der Salzburger Residenz wurde der Missstand behoben und zwei Jahre nach Eröffnung der Bahnlinie ging der Bahnhof Schwarzach-St. Veit in Betrieb. So richtig Karriere machte der Schwarzacher Bahnhof aber erst mit dem Bau der Tauernbahn ab 1901, deren erste Teilstrecke bis Bad Gastein 1905 fertiggestellt wurde. Auf dem Areal des Bahnhofs wird in einem kleinen Museum die Geschichte dieser seinerzeit prestigeträchtigen Bahn erzählt.

Das geschützte, milde und von der Sonne verwöhnte Klima ist ein zusätzlicher Anreiz, um zwischen dem Dientner Graben und dem Palfnerkogel, auch Schwarzkogel genannt, zu wandern. Sei es rund um den Buchberg, vom Böndlsee zur Hirtenkapelle oder auf das Gamskögerl und den Hochglocker hinauf.

20

Vom Böndlsee zur Hirtenkapelle

Am Ziel winkt der Hochkönig

- **Tourcharakter:** Halbtagestour
- **Ausgangs- und Endpunkt:** Parkplatz Böndlsee
- **Weglänge:** 9 km
- **Gesamtdauer:** 3,5 h
- **Höhenunterschied:** 550 hm
- **Besonderheit:** Der Hochkönig als malerischer Hintergrund

Schon das Ankommen in Goldegg ist wie der erste Satz eines heiter gestimmten Schubert-Rondos – das Schloss, davor der kleine See und dahinter die stattlichen Häuser des beschaulichen Ortes. Nicht weniger beschwingt präsentiert sich die Landschaft nordwestlich davon, wenn man von Goldegg über Weng zum Böndlsee, dem Ausgangspunkt unserer Wanderung zur Hirtenkapelle fährt. Da und dort stehen vereinzelt Höfe, neben der Straße plätschert der Wengerbach und plötzlich sehen wir vor uns den Böndlsee, eingebettet in rundum leicht ansteigende Wiesen. Im Sommer lädt der kleine Badesee zu einem erfrischenden Abschluss der Wanderung ein.

Bei so viel Idylle fährt der Schrecken über ein tragisches Kapitel Goldegger Zeitgeschichte besonders heftig in die Glieder. Es geht um die Deserteure vom Böndlsee – ein paar junge Männer unter der Leitung von Karl Rupitsch, die den Dienst in der Wehrmacht des nationalsozialistischen Regimes verweigerten. Im Juli 1944 kam es zum Gefecht mit einer SS-Einheit, wobei zwei Gefährten von Rupitsch, die Brüder Simon und Alois Hochleitner hinterrücks von den Männern der SS erschossen wurden, während Rupitsch und August Egger ins KZ Mauthausen kamen und dort ermordet wurden. Als 65 Jahre später die Goldegger Ortschronik erschien, war im Zusammenhang mit den seinerzeitigen Deserteuren von „Dieben und Unglücksbringern" sowie einer „Landplage" die Rede. Die im Anschluss aufflammende Diskussion über die heutige Sichtweise führte auch zur Forderung nach einem Denkmal für die Deserteure vom Böndlsee.

Wir starten mit der Halbtagestour nördlich des Böndlsees, wo ein schmaler Steig am Waldrand beginnt. Zuerst geht es durch den Wald eher steil bergan, danach setzt sich der Weg auf einem asphaltierten Güterweg fort. Vorbei am Irrstein-Bauern kommen wir nach einer halben Stunde über breit angelegte Serpentinen zur Hackeralm. Die Ausläufer der Grasberge vor uns, das Salzachtal unter uns und südlich davon die Hohen Tauern: diese Bergeindrücke sind eine ideale Voraussetzung für einen entspannten Familienausflug, bei dem alle auf ihre Kosten kommen und sich niemand überanstrengen muss. Von der Hackeralm erreichen wir in nördlicher Richtung weiter bergauf in einer knappen halben Stunde die Meiselsteinalm, die auf einer Seehöhe von 1250 Metern liegt. Kurz vor der Alm biegen wir in nordöstlicher Richtung vom geschotterten Fahrweg auf einen Steig ab, der uns zu der auf 1384 Meter gelegenen Hirtenkapelle führt. Zuerst taucht eine ausladende Buche auf, danach die Kapelle und dahinter türmt sich als mächtige Kulisse das Hochkönig-Massiv auf. Der Rückweg entspricht dem Hinweg.

21

Eine Runde um den Buchberg

Bellevue über dem Salzachtal

- ■ **Tourcharakter:** Halbtagestour
- ■ **Ausgangs- und Endpunkt:** Parkplatz beim Schloss Goldegg
- ■ **Weglänge:** 12 km
- ■ **Gesamtdauer:** 5 h
- ■ **Höhenunterschied:** 150 hm
- ■ **Besonderheit:** Wanderung zwischen zwei Seen

Groß sind sie beide nicht, aber jeder für sich ist ein Schatz, wenn es im Sommer darum geht, sich während oder nach einer Wanderung erfrischen zu können. Darum ist es wichtig, dass das Badezeug in den Rucksack gepackt wird. Die Runde um den Buchberg, der an sich nur gut 1200 Meter hoch ist, besticht mehr durch die Vielfalt der Landschaft und die Ausblicke auf das Salzachtal als durch die zu überwindenden Höhenmeter. Interessant ist der Weg zwischen Goldegger See und

Böndlsee auch deshalb, weil er fast bis zum westlichsten Punkt des Pongaus an der Ostseite des Dientner Grabens führt.

Die Halbtageswanderung beginnt beim Schloss-Parkplatz. An der Südseite des Schlosses vorbei kommen wir zur Kirche, nach der wir uns rechts halten und die zweite Abzweigung in den sogenannten Brauchtumsweg nehmen. Bei der Zweilingkapelle geht es links in südwestlicher Richtung weiter. Wir wandern über Wiesen und Felder, bis wir nach zwei Abzweigungen, die wir ignorieren, zu einer Weggabelung kommen. Nach einem kurzen Stück auf dem Fahrweg geht es über einen Steig hinab zur Landesstraße, und nach ein paar hundert Metern ist der auf 845 Meter liegende Böndlsee erreicht, der sogar mit einer „Badeanstalt" aufwartet.

Für den Weg zurück stärken wir uns mit guter Hausmannskost im Gasthaus Seebichl. Der Rückweg beginnt südlich des Sees auf einem Teilabschnitt des Salzburger Almenweges, der einen Logenblick auf Lend und das Salzachtal freigibt. Beim Entfeldenbauern verlassen wir die Straße und wandern auf einem Weg, der abschnittweise durch den Wald und über Wiesen führt, in Richtung Goldegg zurück. Ab Altenhof benutzen wir wieder die Straße und kommen auf ihr zum Schloss und damit zum Parkplatz.

Das Gasthaus Seebichl liegt direkt am Böndlsee. Sonnige Terrasse und schöne Aussicht. Was aus der Küche kommt, ist alles hausgemacht. Verwendet werden nur regionale Produkte. Der familiär geführte Betrieb ist täglich von 10 bis 20 Uhr geöffnet, zwischen März und November: Donnerstag Ruhetag.

Gasthaus Seebichl, Mitterstein 6, 5622 Goldegg,
Tel. 06416/7278, gasthaus@seebichl.at, www.seebichl.at

22

Von Weng aufs Gamskögerl

Inmitten der Schieferberge

- **Tourcharakter:** Tagestour
- **Ausgangs- und Endpunkt:** Dorfplatz in Weng
- **Weglänge:** 11 km
- **Gesamtdauer:** 6 h
- **Höhenunterschied:** 950 hm
- **Besonderheit:** Besuch des Archehofs Vorderploin

Weng liegt 3 Kilometer nordwestlich von Goldegg und war bis 1938 eine eigenständige Gemeinde. Heute gehört sie zu Goldegg. Steht man vor dem mächtigen Goldegger Schloss, ist es kaum zu glauben, dass Goldegg erst 1850 eigenständig wurde. Im selben Jahr war übrigens auch die Gemeinde Weng aus der Taufe gehoben worden. Goldegg hat zwar Weng gegenüber nicht nur einen topografischen, sondern mit dem Schloss auch einen historischen Standortvorteil. Der wird jedoch schnell durch den Umstand wettgemacht, dass Weng etwas versteckter liegt und man auf dem Weg dahin noch ein gutes Stück mehr von der Terrassenwelt der Schieferalpen erleben kann, ehe es weiter die Sonnseite hinaufgeht. In diesem Abschnitt sind die Schieferberge nach dem nächstwichtigen Ort, in diesem Fall Dienten, benannt. Der Dientner Graben, gleichzeitig der Verlauf der Bezirksgrenze zwischen Pongau und Pinzgau, teilt sie in zwei fast gleich große Blöcke. Zum Westteil auf Pinzgauer Seite zählen z.B. der Hundstein und die Schwalbenwand, zum Ostteil auf Pongauer Seite gehören u.a. Gamskögerl, Hochegg und Hochglocker.

Mit der Tagestour starten wir am Dorfplatz von Weng. Wir verlassen das Dorf in westlicher Richtung auf der Landesstraße in Richtung Böndlsee und legen die erste Etappe, die uns bis Vorderploin führt, auf einer Fahrstraße zurück. Die reizvollen Aussichten entschädigen für diese Wegvariante. Von der Stelle, wo der Weg zum Gamskögerl abbiegt, gehen wir noch ein paar hundert Meter weiter, bis wir zu einem Holzhaus kommen, auf dessen Dach neben Fichtenboschen (umgangssprachlicher Ausdruck für Fichtensetzlinge), Gräser, Moose und Blumen wachsen. Das außergewöhnliche Haus gehört zum Archehof von Vorderploin, der vom ehemaligen Biologie-Professor Ambros Aichhorn und der Religionslehrerin Elisabeth Koder betrieben wird. Im Mittelpunkt steht die Züchtung seltener Nutztierrassen wie der Pinzgauer Ziege und des Steinschafs. Ein weiteres Projekt ist der Ausbau des über 300 Jahre alten Bauernhauses zu einem Museum. Führungen sind nach telefonischer Anmeldung möglich.

Nach der Abzweigung in Richtung Gamskögerl geht es einen eher steilen Weg durch den Wald hinauf. Bei der nächsten Kreuzung – wir haben drei Viertel des Weges hinter uns – wählen wir den linken Steig, über den wir auf den Gipfel des Gamskögerls auf 1746 Meter kommen. Nach dem Gipfel geht es ein kurzes Stück in Richtung Hochegg weiter, ehe wir nach rechts in den Verbindungssteig biegen. Dieser bringt uns zum Weg, über den wir die Distelkopfalm erreichen. Von der Alm geht es zuerst über Serpentinen und dann auf einem Fahrweg nach Weng zurück.

23

Thomas-Bernhard-Weg in St. Veit

Vom Patienten zum Schriftsteller

- **Tourcharakter:** Halbtagesausflug
- **Ausgangs- und Endpunkt:** Kirche in St. Veit
- **Weglänge:** 3 km
- **Gesamtdauer:** 2 h
- **Höhenunterschied:** 150 hm
- **Besonderheit:** Heilklimatischer Kurort

Der österreichische Dramatiker und Prosaschriftsteller Thomas Bernhard (1931–1989) zählt zweifellos zu den am intensivsten „sezierten" deutschsprachigen Autoren des 20. Jahrhunderts. Eigentlich wollte er Sänger werden, weshalb er vorübergehend auch am Mozarteum in Salzburg studierte. Aber vorher und am Anfang seiner künstlerischen Beschäftigung war er ein lungenkranker Verkaufsgehilfe, der ums Überleben rang. Eine Station auf diesem Weg war die ehemalige Lungenheilanstalt

Grafenhof in St. Veit über Schwarzach, in der Bernhard in den Jahren 1949 und 1951 Patient war. Über die Ursachen der Erkrankung soll hier nicht ein weiteres Mal spekuliert werden. Vielmehr geht es um den Hinweis darauf, dass die existenzielle Bedrohung in Grafenhof so immens gewesen sein muss, dass es vor allem während des zweiten Aufenthalts zu einem Ausbruch seines Ichs aus den Fesseln einer als ungeliebt empfundenen Existenz kam. Die familiäre Situation war zerrissen, so etwas wie Nähe und Nestwärme erlebte er nur beim Großvater mütterlicherseits, dem Schriftsteller Johannes Freumbichler. Nicht zu unterschätzen ist auch der Umstand, dass Bernhards Kindheit und Jugend in die Zeit von Austrofaschismus und Nationalsozialismus fiel. Für die Wahl der Themen in seinen Dramen und für die Zeichnung maßgeblicher Charaktere war die Sozialisation unter dem Hakenkreuz mindestens so bestimmend wie der spätere Drang, die Lebenslüge der Österreicher und die verlogene Staatsräson in Bezug auf den Nationalsozialismus aufzudecken und zu entlarven. Hiermit hatte er die Geschäftsgrundlage für seinen Erfolg als Schriftsteller geschaffen.

In Grafenhof rang er sich nicht nur dazu durch, Musikstunden zu nehmen und während der Sonntagsmesse aufzutreten, er öffnete sich auch für andere Menschen, lernte die um fast 40 Jahre ältere Hedwig Stavianicek, seinen „Lebensmenschen" kennen. Er begann zu schreiben, hauptsächlich Gedichte, in denen er Eindrücke auf den sich stets wiederholenden Spaziergängen in der Umgebung der Heilanstalt verarbeitete, so auch die Begegnung mit den Psychiatriepatienten, die in Schernberg untergebracht waren. Die Handlung seines ersten Romans, der 1963 unter dem Titel „Frost" erschien, spielte allerdings in der Nachbargemeinde Goldegg, genauer in Weng, das er als „den düstersten Ort" beschrieb, „den ich jemals gesehen habe". Die Geschichte handelt von einem todessüchtigen Maler, der sich in ein abgelegenes inzestuöses Gebirgsdorf zurückgezogen hat, wo ihn sein Bruder durch einen Medizinstudenten beobachten lässt. Das trug Bernhard prompt ein „Aufenthaltsverbot" in Goldegg ein, das spätestens im Herbst 2012 aufgehoben zu sein scheint, denn dann geht hier das erste Thomas-Bernhard-Literaturfestival über die Bühne.

Der Ausgangspunkt des Kulturspaziergangs liegt bei der Kirche in St. Veit, vor der sich der Kirchplatz in östlicher Richtung leicht abschüssig präsentiert. Wir schlendern über den Platz und biegen bei der ersten Möglichkeit einmal links und gleich darauf rechts ab. So gelangen wir zum Sportplatz. An ihm vorbei geht es über einen Wiesenweg zum Seelackenmuseum, in dem neben der lokalen Geschichte auch die Protestantenvertreibung unter Fürsterzbischof Leopold Anton Freiherr von Firmian und Thomas Bernhard Thema sind. Rechts vom Museum kommen wir über eine kleine Brücke und etliche Stufen zu einer Terrasse der Landesklinik hinauf, die wir durch einen Nebeneingang betreten, und zwar ohne zu zögern, schließlich sind wir auf den Spuren Bernhards unterwegs. Nach dem Verlassen der Halle befinden wir uns in einer Parkanlage, die nach Süden hin durch das alte Sanatoriumsgebäude, das nach wie vor als der größte Holzbau des Landes gilt, abgegrenzt wird. Was sich heute als schmucker Bau präsentiert, war in den Nachkriegsjahren alles andere als ein prädestinierter Ort zur Heilung wunder Seelen. Schaut man über das Dach des Gebäudes nach Süden, kommt das Kreuzkareck bedrohlich nahe, der Schatten werfende Berg, unter dem die Schwarzacher jedoch mehr zu leiden haben als die St. Veiter.

Am nordwestlichen Ende des Parks führt uns der Weg an der Psychiatrischen Abteilung vorbei und auf einem Wiesenweg geht es weiter zu einem Bauernhof. Wir spazieren zwischen Haus und Stallungen hindurch und genießen den großzügigen Blick auf den Markt samt Kirche und der Anlage von Schernberg im Hintergrund. In einem weiten Bogen geht es schließlich in den Ort hinab und anschließend wieder zur Kirche hinauf.

Zum Hochglocker hinauf

Klostermeditation und Ruheoasen

- **Tourcharakter:** Halbtagestour
- **Ausgangs- und Endpunkt:** St. Veit, Parkplatz Kinderalm
- **Weglänge:** 9 km
- **Gesamtdauer:** 3 h
- **Höhenunterschied:** 400 hm
- **Besonderheit:** Leicht begehbare Tour

„Von den Schwestern die Stille auf den Berg mitnehmen und oben die Ruhe genießen." So oder ähnlich könnte das Motto der Wanderung von der Kinderalm auf den Hochglocker lauten. Da von der Lungentuberkulose nicht nur Erwachsene, sondern auch Kinder betroffen sein können, wurde von der Lungenheilanstalt Grafenhof seinerzeit die sogenannte

Kinderalm eingerichtet. Während des Sommers wurden hier lungenkranke Kinder betreut. Nachdem die Heilanstalt aufgelassen worden war und die Gebäude einige Zeit leer standen, wurden die Schwestern zu Bethlehem eingeladen, hier ein Kloster zu gründen. Nach dem Europakloster Gut Aich am Wolfgangsee handelt es sich dabei um die zweitjüngste Klostergründung im Land Salzburg. 1985 zogen die ersten Nonnen ins untere Haus ein, das heute auch Gästen und Pilgern zur Verfügung steht. Das obere, auf 1300 Meter liegende Gebäude ist ausschließlich dem Klausurbereich der Schwestern, die ein strenges Ritual, ausgerichtet nach den Regeln der Kartäuserinnen, leben, vorbehalten.

Der Ausgangspunkt dieser leichten Halbtagestour liegt bei der Kinderalm. Von dort gehen wir in nordwestlicher Richtung bergwärts, bis wir auf 1345 Meter zu einer Weggabelung kommen. An dieser halten wir uns links und wandern anschließend gemächlich auf einem Forstweg durch den Hüttenwald. Dabei ignorieren wir die erste Abzweigung ebenso wie die zweite, die in der Spitzkehre vom Weg wegführt. Nach einem guten halben Kilometer stoßen wir auf einen Steig, der zum 1590 Meter hohen Gipfel leitet. Obwohl wir für alpinistische Begriffe auf dem Hochglocker noch nicht einmal in der mittleren Höhenlage angekommen sind, bietet sich ein beeindruckendes Panorama, das vom Tennengebirge bis in die Hohen Tauern reicht. Auf dem Weg zum Gipfel sind sogenannte Ruheinseln aufgestellt, die durchaus zu einer kleinen Meditation einladen. Zurück nehmen wir den Steig Nr. 23, der schließlich etwas oberhalb der Hochrainbergstube in einen Forstweg mündet. Nach einem kurzen Pfad von der Hochrainstube weg biegen wir auf die Fahrstraße, die von St. Veit nach Mühlbach am Hochkönig führt, und gehen auf dieser in südöstlicher Richtung bis zur nächsten Gabelung. Hier wenden wir uns links, um zu unserem Ausgangspunkt beim Parkplatz Kinderalm zurückzukehren.

Zwischen Schwarzach und Mitterberghütten

Radeln zu ebener Erd' und im ersten Stock

- **Tourcharakter:** Radtour 🚲
- **Ausgangs- und Endpunkt:** Bahnhof Schwarzach
- **Weglänge:** 34 km
- **Gesamtdauer:** 4 h
- **Höhenunterschied:** 500 hm
- **Besonderheit:** Das Salzachtal aus unterschiedlichen Perspektiven erleben

Sind wir auf dieser Tour oben unterwegs, fahren wir durch ein jahrtausendealtes Bergwerksrevier, in dem bis ins 20. Jahrhundert hinein Kupfer abgebaut wurde. Wir schauen auf das Salzachtal zwischen Schwarzach und Bischofshofen, auf die Niederen Tauern und auf das Tennengebirge. Wir sehen aber auch nach Mühlbach hinunter und in Richtung Hochkönig. In Mitterberghütten, wo aus dem Oben ein Unten wird, haben wir fast die Sohle des Salzachtals erreicht. Hier wurde von 1887 bis 1931 das im Mitterberg gewonnene Kupfererz verhüttet. Zuvor hieß die Ortschaft, die zu Bischofshofen gehört, schlicht Außerfeld. Halten wir uns stattdessen im Tal auf, erleben wir die Salzach hautnah und fühlen uns fast etwas bedrängt von den Ausläufern der Niederen Tauern zur Linken und den Grasbergen zur Rechten. Dass die frühen Wege durch das Tal oben verlaufen sind, können wir sehr gut nachvollziehen.

Wir starten mit der Tour beim Bahnhof Schwarzach-St. Veit, überqueren auf dem Tauernradweg die Salzach und biegen bei der Anschlussstelle der Bundesstraße auf den Zubringer nach St. Veit ab. Nachdem wir den Markt in Nord-Süd-Richtung durchquert haben, erreichen wir in nördlicher Richtung eine Fahrstraße, die St. Veit mit Mühlbach am Hochkönig verbindet. Über Harberg, Aigen und Mitterrainberg geht es ziemlich direkt nach Norden, bis wir zu einer hölzernen Kapelle, der Hubertuskapelle, kommen. Von dort fahren wir in östlicher Richtung weiter auf dem Großteil der Strecke durch einen Mischwald. Während es zwischen Hengstbachwald und Rattwald nördlich über Serpentinen nach Mühlbach hintergeht, radeln wir an Schleichkogel und Palfnerkogel vorbei und erreichen nach etwa 2,5 Kilometern die Kohlmaißhöhe, von der es anschließend abschüssig nach Mitterberghütten geht. Über den gut ausgeschilderten Tauernradweg fahren wir schließlich wieder nach Schwarzach zurück.

Als Leopold Anton Freiherr von Firmian 1727 zum Fürsterzbischof von Salzburg gewählt wurde, war die Zeit der Gegenreformation fast schon Geschichte. Entsprechend „liberal"
verhielten sich seine Amtsvorgänger den Protestanten gegenüber. Der aus Südtirol stammende Graf Firmian (1679–1744)
scheint dagegen von der Sendung beseelt gewesen zu sein,
der katholischen Kirche wieder zur alten Macht und Herrlich-
keit zu verhelfen. Ein reaktionärer Geist, der die Zeichen der
Zeit nicht achtete und damit selbst den Kaiser gegen sich auf-
brachte, wiewohl Karl VI. aus Gründen der Staatsräson nichts
gegen Firmian unternahm. Weder der Anfang noch das Ende
seiner Amtszeit waren besonders glanzvoll. Zu Beginn seiner
„Karriere" als Fürsterzbischof bedurfte es mehrerer Wahlgänge
und die ersehnte Kardinalswürde blieb ihm versagt.

Der seinerzeitige Jesuitenzögling Leopold Anton versicherte
sich bei seinem Vorhaben der Renaissance einer opulenten
und machtversessenen Kirche der Unterstützung jenes Or-
dens, der ihn in jungen Jahren geprägt hatte. Er holte Jesuiten-
patres aus Bayern ins Land und schickte sie vornehmlich in
jene Gebirgsregionen, in denen Knappen und Gewerken die
Lehre Luthers besonders stark unter den Bauern verbreitet
hatten. Die Teilnahme an den groß angelegten Versammlun-
gen der Jesuiten war für alle Einwohner verpflichtend, deren
Nichtbefolgung hatte drakonische Strafen zur Folge. Doch die
Lutheraner ließen sich davon nicht abschrecken und blieben
ihrer Glaubensüberzeugung treu.

Als am 10. Juni 1731 ein gutes Dutzend Bauern dem Vikar von
St. Veit gegenüber die Treue zu ihrem evangelischen Glauben
zum Ausdruck brachten, wandte sich dieser an den Dechant
in Werfen und beschrieb die Bauern als Rebellen. Die Bauern
ihrerseits wandten sich an die Evangelischen Reichsstände in
Regensburg um Unterstützung. Die Reichsregierung strengte

eine Untersuchung an, der Firmian aber zuvorkommen wollte. Nach außen stellte er die protestantischen Bauern nicht als Religionsabtrünnige, sondern als Rebellen dar. Deshalb bat er den Kaiser um militärische Unterstützung, während er die Bauern zur Geduld mahnte und Abhilfe der Missstände in Aussicht stellte. Im Zuge der Ereignisse kam es am 5. August in Schwarzach zur berühmt gewordenen Versammlung des später sogenannten Salzbundes. Zu dieser Bezeichnung kam es, weil vor Beginn der Verhandlungen jeder der etwa 150 Teilnehmer die Hand in ein Salzfass tauchte und anschließend schwor, dass er nicht vom lutherischen Glauben ablassen werde. Noch ehe der Kaiser geantwortet hatte, erließ Firmian unter dem Eindruck des Salzbundes das Emigrationspatent, das alle Nichtkatholiken zum Verlassen des Erzstiftes verpflichtete; die Grundbesitzenden in längstens drei Monaten, Bergleute, Handwerker, Arbeiter und Taglöhner in spätestens acht Tagen. Kinder unter zwölf Jahren wurden von den Eltern getrennt und mussten im Land bleiben. Weil es sich in Firmians Diktion um Rebellen handelte, missachtete er auch wichtige Bestimmungen des Westfälischen Friedens, wonach Grundbesitzern eine Frist von drei Jahren einzuräumen gewesen wäre. Am 11. November wurde das Emigrationspatent nach dem Gottesdienst verlesen.

Von den insgesamt etwa 20 000 Vertriebenen wurden Ende November 1731 4000 der nicht eingesessenen, d.h. der besitzlosen Protestanten, aufgefordert, innerhalb einer Woche das Land zu verlassen. Bayern gestattete erst nach langen Verhandlungen die Durchreise, sodass die Vertriebenen in größeren Gruppen von etwa 300 Personen Ende des Jahres im Württembergischen ankamen und in der Umgebung von Ulm, Kaufbeuren, Augsburg und Memmingen eine neue Heimat fanden. Als Preußens König Friedrich Wilhelm I. vom Schicksal der Salzburger Protestanten erfuhr, lud er die Vertriebenen nach Ostpreußen ein und stellte sie unter den Schutz des preußischen Staates. Im Sommer 1732 trafen insgesamt über 10 000 Salzburger, vorwiegend aus dem Pongau, in Ostpreußen ein. Ein Fünftel aller Vertriebenen überlebte die Verbannung und die damit verbundenen Strapazen der Reise nicht.

Das Fürsterzbistum Salzburg verlor 1731/32 durch den Auszug der Protestanten ein Fünftel der Gesamtbevölkerung. Allein im Pongau standen über 1500 Höfe leer, was im Pfleggericht Goldegg sogar 63 Prozent aller Höfe betraf. Dieser erzwungene Exodus schlug tiefe Wunden, die lange brauchten, ehe sie verheilt waren. Heute beträgt der Anteil der Protestanten im Land Salzburg aktuell vier Prozent, während die bekennenden Katholiken derzeit knapp 70 Prozent der Gesamtbevölkerung ausmachen. Wie sehr dieser singuläre und grausame Willkürakt von Firmian von der allgemeinen Religionspolitik im Reich entfernt war, zeigt der Umstand, dass knapp 40 Jahre nach Firmians Tod durch das Toleranzpatent von Kaiser Joseph II. der Protestantismus auch in Österreich legalisiert wurde. Zwei der Ausstellungsräume im St. Veiter Seelackenmuseum sind der Protestantenvertreibung gewidmet. Der Salzleckertisch steht im Amtsgebäude der Marktgemeinde Schwarzach im Pongau.

Alte Wege
in den Süden

Der Ennspongau

Das Band der Salzach bestimmt gemeinsam mit dem der kleineren Schwester, der Saalach, was Salzburg ist und was an
Gegenden und Landschaften zu Salzburg gehört. Ausnahmen
bilden der südlich des Alpenhauptkamms gelegene Lungau,
der vom jungen Oberlauf der Mur bestimmt wird, und der
Ennspongau zwischen Bischofshofen und dem Mandlingpass,
durch den man unweigerlich kommt, wenn man von der Salzburger Seite über den Alpenhauptkamm in den Lungau fährt.
Je nach Geschmack und Auffassung werden auch das Fritztal
und der südöstliche Zipfel des Lammertals zum Ennspongau
gezählt. Der harte Kern jedoch wird von der Enns bestimmt,
die unterhalb von Ennskraxen und Kraxenkogel entspringt
und in Flachauwinkl den Talboden erreicht.

Wintersportlern ist die Region, zu der das Tal zwischen Altenmarkt und Zauchensee – das kürzeste Tal in den Niederen

Tauern – zählt, durch die Skiwelt Amadé bekannt. Aber was sagt dem Wanderer, der sich eher an der wärmeren Jahreshälfte orientiert, ein Zusammenschluss unterschiedlicher Wintersportgebiete. Noch dazu, wenn es sich um einen Kunstnamen handelt. Da seit der Eröffnung der Tauernautobahn 1975 der überwiegende Verkehr in den Süden über sie abgewickelt wird, wird der Ennspongau als Region kaum mehr wahrgenommen. Dabei ist die Umgebung von Radstadt Ausgangspunkt für die nicht nur historisch bedeutsamen Wege über den Radstädter Tauern und den Oberhüttensattel. Die Straße über den Radstädter Tauern war bis zur Eröffnung der Tauernautobahn die einzige Straßenverbindung von der Salzburger Seite aus. Die bereits von den Kelten angelegte und von den Römern zu einer Staatsstraße ausgebaute Strecke ist heute eine beliebte Ausflugsroute insbesondere auch für Motorrad- und Radfahrer. Sie verbindet Radstadt, die „alte Stadt im Gebirge" mit der Marktgemeinde Mauterndorf auf der Lungauer Seite. Die von den Römern zu einer *Mansio*, heutigen Autobahnraststätten vergleichbar, ausgebaute Siedlung lag etwas westlich des heutigen historischen Stadtgebiets von Radstadt, am Rand der Marktgemeinde Altenmarkt im Pongau. Strategische Gründe sprachen dafür, die neue Stadt etwas erhöht auf einem Rücken zwischen Enns und Taurach anzulegen, galt es doch, den Handel über die Tauern zu regeln und die Grenze zur habsburgischen Steiermark zu sichern. Das letzte Tal vor der Landesgrenze zieht sich südlich von Forstau bis zum Oberhüttensattel hinauf, dem auf der Lungauer Seite das Weißpriachtal entspricht. Als die Straße über den Radstädter Tauern nach dem Abzug der Römer verwaiste, wurde für einige Jahrhunderte der Weg durch die Forstau, wie das Tal umgangssprachlich genannt wird, favorisiert.

Für Wanderer von besonderem Reiz ist die Vielfalt der Gebirgsformen (was Aufbau und Aussehen betrifft) auf engem Raum. Sind es nach Süden zum Alpenhauptkamm hin die Radstädter und Schladminger Tauern, so dominieren im Norden die schroff-markanten Nördlichen Kalkalpen, während die Grauwackenzone der Salzburger Schieferalpen so etwas wie einen sanften Polster dazwischen bildet.

26

Fast hinauf zum Ennsursprung

Mit der Kraxen auf die Kraxen kraxeln

- **Tourcharakter:** Tagestour
- **Ausgangs- und Endpunkt:** Kleinarl, Dorfplatz
- **Weglänge:** 9 km
- **Gesamtdauer:** 7,5 h
- **Höhenunterschied:** 1400 hm
- **Besonderheit:** Der Gipfelsieg will erkämpft werden

Die Enns ist mit 254 Kilometern der längste Binnenfluss Österreichs. So sehr sie ihren Ursprung – er ist nahezu unzugänglich
– zu schützen weiß, so großzügig verströmt sie sich am Ende,
wenn sie nördlich der Stadt Enns bei Mauthausen in die Donau
mündet. Bis dahin hat sie immerhin eine stattliche Breite von
100 Metern erreicht. Eingezeichnet ist der Ennsursprung südöstlich von Ennskraxen und Kraxenkogel. Freilich gibt es vom
Ennstal aus einen Wanderweg am Oberlauf der Enns entlang,
der von Walchau über die Oberennsalm zum Benzeck führt.
Aber die Ennskraxen, der beliebte Hausberg der Kleinarler,

ist um ein Vielfaches attraktiver. Wie die Ennskraxen zu ihrem Namen kommt, darüber kann nur spekuliert werden. Einmal trägt man die Kraxen, die Urform des Rucksacks, am Rücken. Weiters ist eine Kraxen auch ein Fahrzeug, das nicht mehr so recht will oder kann. Doch beide Beschreibungen schrammen am Ziel vorbei, denn was gibt es Hübscheres und Charmanteres als eine Quelle.

Ausgangspunkt dieser ausgedehnten Kraxeltour ist der Dorfplatz von Kleinarl. Wir orientieren uns an der Kirche, gehen von ihr in östlicher Richtung und halten uns bei der zweiten Abzweigung rechts. Über einen weiten Bogen kommen wir anschließend zum Beginn des Steigs, der als Wanderweg Nr. 714 gekennzeichnet ist. Zuerst geht es über Wiesen und durch den Wald ein Stück entlang des Steinkargrabens. Nachdem wir die Täublwald-Almstraße zum ersten Mal gequert haben, stoßen wir nach einem knappen Kilometer noch einmal auf sie und bleiben auf ihr, bis wir die Steinkaralm erreicht haben. Damit haben wir zwar bereits 700 Höhenmeter geschafft, was aber nur die Hälfte der gesamten Strecke umfasst. Nach der Alm geht es zuerst ein kurzes Stück in östlicher Richtung auf den leicht bewaldeten Kamm hinauf, der das Kleinarltal vom Ennstal trennt. Auf dem Kamm kommen wir in südlicher Richtung schließlich – am Seekopf vorbei – zum Blausee, der nicht recht viel mehr als eine Lacke ist, dafür aber in prächtig-dunklem Blau leuchtet. Über ihm türmen sich mächtig die Nordabstürze der Ehrfurcht gebietenden Ennskraxen auf. Auf die Kraxen hinauf sollte sich nur wagen, wer bergerfahren, trittsicher und schwindelfrei ist, denn in der schroffen Nordwestflanke erreicht man das Gipfelkreuz nicht ohne Einsatz der Hände. Der Lohn in Form eines unvergleichlichen Panoramablicks ist enorm. In der südlichen Achse liegen Kraxenkogel, Faulkogel und an der Grenze zum Lungau das Mosermandl. Etwas westlicher zeigt sich die Ankogelgruppe und noch einen Dreher weiter der Draugstein. Aber auch Sonnblick, Großes Wiesbachhorn und selbst der Großglockner blitzen am Horizont auf. Nördlich reicht das Panorama vom Hochkönig über das Tennen- und Hagengebirge zur Bischofsmütze und weiter zum Massiv des Dachsteins. Der Rückweg entspricht dem Aufstieg.

27

Radeln entlang der Enns

Der jüngste unter den Fluss-Radwegen

- **Tourcharakter:** Radtour 🚲
- **Ausgangs- und Endpunkt:** Flachauwinkl, Ennslehen
- **Weglänge:** 50 km
- **Gesamtdauer:** 5 h
- **Höhenunterschied:** 200 hm
- **Besonderheit:** Das Tal aus einer anderen Perspektive erleben

Sprechen wir vom Ennstal als einem der größten Längstäler in den Ostalpen, dann gilt das für die Enns erst ab der Biegung nach Osten, von wo sie über Altenmarkt im Pongau und Radstadt weiter bis zum Mandlingpass und damit zur Grenze zwischen Salzburg und Steiermark fließt. Von Flachauwinkl, wo die Enns nach Überwindung von 700 Höhenmetern endlich im Tal angesprudelt kommt, bis sie nach Reitdorf in Richtung Osten abbiegt, wirkt sie eher wie ein Zufluss der Salzach. Aber diese hat bei Bischofshofen ihre Richtung endgültig nach Norden festgelegt. Und trotzdem geht man davon aus, dass in grauer Vorzeit das Ennstal die Fortsetzung des Salzachtals nach Osten war. Zugleich bildet die Enns im östlichen Teil des Pongaus, dem Ennspongau, die geologische Grenze zwischen Zentralalpen und Nördlichen Kalkalpen. Nach dem Mandlingpass, wo sie Salzburger Boden verlässt, fließt die Enns auf steirischem Boden über Aigen im Ennstal nach Admont und durch das Gesäuse nach Altenmarkt, wo sie die Grenze zu Oberösterreich übertritt. Anschließend geht es durch das Reichraminger Hintergebirge im Nationalpark Kalkalpen und weiter über Steyr nach Enns und schließlich nach Mauthausen, wo sie nach einer Länge von 254 Kilometern in die Donau mündet.

Der eigentliche Start des Enns-Radweges als jüngster der österreichischen Fluss-Begleiter befindet sich in Flachauwinkl, wo die Enns auf einer Höhe von knapp über 1000 Meter glucksend den Talboden erreicht. Der gut gekennzeichnete Weg führt talauswärts, begleitet von der A 10, der Tauernautobahn, durch Flachau und Reitdorf, wo sich die Enns schon nach Osten zu biegen beginnt. Mittlerweile sind wir auf einer Seehöhe von 850 Metern angelangt. An Altenmarkt im Pongau, der Mutterpfarre des Ennspongaus, geht es zuerst nördlich vorbei, um dann beim Schloss Tandalier rechts in die Tandalierstraße einzubiegen. Gleich bei der ersten Kreuzung halten wir uns links und fahren anschließend am rechten Ennsufer über Farnwangweg, Simonystraße und Moosallee am historischen Zentrum von Radstadt vorbei. Wo aus der Moosallee nach einem Bogen die Ziegelbrennerstraße wird, nähern wir uns der Taurach, die von Obertauern kommend, östlich von Radstadt in einem spitzen Winkel in die Enns mündet. Zuerst begleiten wir diese, bis sie sich mit der Enns vereint hat, anschließend radeln wir meist am rechten Ufer der Enns entlang, bis wir ihr in Mandling schließlich „Adieu" sagen. Zurück geht's auf demselben Weg. Wenn wir wieder am Ausgangspunkt in Flachauwinkl, wo Enns und Pleißlingbach zusammenfließen, angekommen sind, haben wir insgesamt knapp 50 Kilometer zurückgelegt.

28

Rundweg von Flachau über die Frauenalm

Landschaftlichen Reizen auf der Spur

- **Tourcharakter:** Tagestour
- **Ausgangs- und Endpunkt:** Flachau, Tourismusinformation
- **Weglänge:** 18 km
- **Gesamtdauer:** 8 h
- **Höhenunterschied:** 850 hm
- **Besonderheit:** Sehr abwechslungsreiche Wanderung

Es war der Skirennläufer Hermann Maier, der den Namen seines Heimatortes weithin bekannt gemacht hat – zumindest in der Welt des alpinen Skirennsports. Als eine der Skiregionen im Zusammenschluss der Sportwelt Amadé war Flachau aber auch schon vor den Siegen Hermann Maiers eine feste Größe. Aber was kümmert uns hier der Winter? Uns geht es ums Wandern und um die landschaftlichen Schönheiten in der Zeit vom

Frühsommer bis in die goldenen Tage des Spätherbstes. Aber nicht nur um die Schönheiten, auch um das Besondere und um das, was aufgrund infrastruktureller Maßnahmen vielleicht etwas in den Hintergrund geraten ist. Durch Flachau zieht sich das stellenweise durchaus störende Band der Tauernautobahn. Aber hat das Tal dadurch seine Reize zur Gänze verspielt? Nein, man muss in der Beurteilung relativieren und ein „trotzdem" einfügen. Trotz der Autobahn und der vielen sogenannten winterlichen Aufstiegshilfen ist der Charme der Almlandschaften vielleicht etwas ramponiert, aber nach wie vor vorhanden. Das Auge muss etwas konditioniert werden: Einiges gilt es zu übersehen, anderem ist besondere Aufmerksamkeit zu schenken.

Der Ausgangspunkt unserer Tagestour ist im Ortszentrum von Flachau. Vom Büro der Tourismusinformation queren wir die Bundesstraße und gehen anschließend in südwestlicher Richtung, bis ein Gehweg abzweigt, auf dem wir parallel zur Enns und zur Bundesstraße taleinwärts gehen. Anschließend müssen wir ein Stück der Bundesstraße entlangspazieren, ehe wir in Hinterrohr rechts in einen Gehweg mit der Nr. 44 einbiegen, auf dem wir durch den Rohrbachgraben durchwegs eher steil bergauf müssen. An einer Weggabelung zweier Fahrwege stoßen wir auf den Weg Nr. 43, auf dem wir bleiben, bis er endet. Damit sind wir automatisch auf dem Wanderweg, der uns zur Frauenalm auf 1686 Meter führt. Weiter geht es dann auf der Fahrstraße in westlicher Richtung, bis in einer Linkskurve ein Steig abzweigt. Der macht nach ein paar Hundert Metern eine Rechtskurve und führt uns im Weiteren am Saukarkopf vorbei Richtung Grießenkareck. Allerdings biegen wir vorher rechts ab, um in einem Bogen auf das Ende jener Fahrstraße zu stoßen, die oberhalb des Rohrbachgrabens direkt ins Zentrum von Flachau führt. Auf ihr wandern wir zu unserem Ausgangspunkt zurück.

29

Mit dem Mountainbike über die Kemahdhöhe

Zwischen Enns, Taurach und Zauchenbach

- **Tourcharakter:** Radtour
- **Ausgangs- und Endpunkt:** Kirche in Altenmarkt im Pongau
- **Weglänge:** 25 km
- **Gesamtdauer:** 4 h
- **Höhenunterschied:** 700 hm
- **Besonderheit:** Umfassende Sicht auf Altenmarkt und Radstadt

Im Winter ist die Kemahdhöhe, auch „Heumahdhöhe" genannt, der beliebte und viel besuchte Ski-Hausberg der Altenmarkter und Radstädter. Auch eine 6 Kilometer lange Rodelbahn gibt es. Im Sommer eignet sich die Höhe vorzüglich für eine Tour mit dem Rad, um nebenbei die Aussicht zu genießen oder in der Dekanatskirche von Altenmarkt vorbeizuschauen.

Wir starten in Altenmarkt unweit der Kirche und orientieren uns am Wegweiser „Ennstal-Radweg". Auf diesem fahren wir zuerst in östlicher Richtung, bis wir in Weißenhof zur Kreuzung kommen, an der wir uns rechts halten. In Kaspardörfl stoßen wir auf die B 99, die Katschberg-Bundesstraße, in die wir rechts abzweigen, um sie gleich darauf wieder zu verlassen, weil wir rechts in einen Rad- und Wanderweg einbiegen. Unterhalb der Kemahdhöhe radeln wir in westlicher Richtung bis Pail, wo wir zuerst scharf nach Süden abbiegen, um anschließend in weiten Kehren auf die Kemahdhöhe zuzusteuern. Anschließend geht es in südwestlicher Richtung über einige Kehren und am Steinwandwald vorbei auf die Straße zwischen Zauchensee und Altenmarkt. Diese überqueren wir, um danach am Zauchenbach entlang talauswärts zu fahren, bis wir im Zentrum von Altenmarkt wieder am Ausgangspunkt angekommen sind. Wer kulturhistorisch interessiert ist, wird an der Dekanatskirche nicht vorbeikommen. Der imposante Bau, mit dem danebenliegenden Pfarrhof durch einen Wehrgang verbunden, gilt auch als Marienwallfahrtsort und ehemalige Mutterpfarre des Ennspongaus. Außerdem war sie die langjährige priesterliche Wirkungsstätte des Salzburger Alt-Erzbischofs Georg Eder, während sein Amtsvorgänger Karl Berg 1908 im benachbarten Radstadt geboren wurde.

30

Kulturspaziergang durch Radstadt

Juwel an der Enns

- ■ **Tourcharakter:** Nachmittagsausflug
- ■ **Ausgangs- und Endpunkt:** Radstadt, Stadtplatz
- ■ **Weglänge:** 3 km
- ■ **Gesamtdauer:** 2 h
- ■ **Höhenunterschied:** 100 hm
- ■ **Besonderheit:** Geschichtsunterricht im Gehen

Radstadt ist die drittälteste Stadt im Land. Nach Salzburg und Hallein wurde ihr bereits 1289 das Stadtrecht verliehen. Bis auf Zell am See, das 1928 zur Stadt erhoben wurde, sind alle anderen Städte des Landes erst Kinder des neuen Jahrtausends. Der Grund für die frühe „Adelung" erklärt sich aus der besonderen strategischen Lage. So war Radstadt nach der Wiederherstellung der einstigen Römerstraße über den Radstädter Tauern eine der wichtigsten Stationen auf dem so bedeutenden Handelsweg von Nord nach Süd. Neben der Sicherung dieser Route hatte die junge Stadt außerdem die Aufgabe, die Grenze am Mandlingpass zur habsburgischen Steiermark hin zu sichern. Obwohl Radstadt im Lauf der Jahrhunderte durch mehrere Brände maßgeblich zerstört wurde, ist der fast quadratische Grundriss der einstigen Stadtgründung auch heute noch deutlich zu erkennen. Dass Radstadt vom Fürsterzbischof am Reißbrett entworfen wurde, ist durchaus keine abwegige Annahme. Die ursprünglich bedeutendste Siedlung in der Gegend war das heutige Altenmarkt. Das erklärt auch, warum die Pfarre Altenmarkt bis weit ins 19. Jahrhundert hinein als Mutterkirche des Ennspongaus galt. Weil man das sumpfige Gebiet rund um den Ennsbogen als ungünstig für eine Stadtgründung empfand, wurde der etwas erhöhte Rücken zwischen Enns und Taurach dafür auserwählt.

Der heutige Name Radstadt entwickelte sich aus mehreren Vorformen wie *Radestat*, *Rastat* oder *Radistat*. Die Ableitung der Namensherkunft geht von unterschiedlichen Theorien aus. „Rasta" gilt als ein althochdeutsches Wort für Ruhe und Verweilen, „rad" bedeutet neben „Mühle" und „Kreis" auch „Biegung" oder „Sumpf", was auf die Richtungsänderung des Ennsverlaufs hindeutet. Die römische Straßenstation *Ani*, abgeleitet von *Anisius*, dem antiken Namen für Enns, lag etwa im Bereich der heutigen Marktgemeinde Altenmarkt.

Um die heutige Stadt und ihre Geschichte kennenzulernen sowie die topografischen und geologischen Besonderheiten der Umgebung Radstadts besser einzuordnen und zu verstehen, empfiehlt sich ein Kulturwanderweg, der als Themenweg angelegt ist und an 15 Stationen Wissenswertes präsentiert.

Der Start dieser etwa zweistündigen Wanderung ist am Stadtplatz. Von dort gehen wir in nördlicher Richtung, wobei wir die Karl-Berg-Gasse queren, um uns dann auf dem Gehweg, der neben der ehemaligen Stadtmauer verläuft, links zu halten. Doch zuvor informieren wir uns über die geologischen und strategischen Besonderheiten, die zur Gründung Radstadts geführt haben. Bevor wir in die Loretostraße einbiegen und die Katschberg-Bundesstraße überqueren, erfahren wir einiges über die Qualität der „Festung" Radstadt, die auch während des Bauernkrieges nicht einzunehmen war. Auf den Tafeln 4 und 5, die wir auf dem Weg zum Schloss Lerchen, dem Stadtmuseum von Radstadt, passieren, werden wir über die Geschichte der Keramikerzeugung und über die Besonderheiten des Bodens, auf dem Radstadt liegt, informiert. Über den Ziurlettiweg kommen wir zur Kirche Maria Loreto zu Lerchen, einer kleinen Marienwallfahrtskirche, deren Gründung im 17. Jahrhundert auf das norditalienische Adelsgeschlecht Ziurletti zurückgeht.

Auf den Stationen 7 bis 8 und 10 bis 13 werden naturhistorische Themen, wie die Bewässerung des Schwemmbergs, an dessen Hängen wir entlangspazieren, erläutert sowie Daten zum Kupferbergbau und zur Römerstraße über den Tauern präsentiert. Der östliche Abschnitt des Weges am Südhang des Schwemmbergs ist als Kaiserpromenade ausgewiesen, die 1898 anlässlich des 50-jährigen Regierungsjubiläums von Kaiser Franz Joseph I. angelegt wurde. Ehe wir beim Kapuzinerturm, dem Ende unserer Tour, angelangt sind, erfahren wir noch, dass neben dem 1997 verstorbenen Salzburger Erzbischof Karl Berg auch der berühmte Komponist und Dirigent Paul Hofhaimer ein Sohn der Stadt war.

Der Kapuzinerturm wurde von gefangenen Aufständischen aus dem Bauernkrieg errichtet und war ein Teil der Burg, die an der nordöstlichen Ecke der Stadtmauer stand. Weil aus der Burg 1629 ein Kapuzinerkloster wurde, trägt der Turm, der die Stadtbrände überstand, den Namen des Bettelordens. Heute ist darin ein Heimatmuseum untergebracht. Über den Fischerbühel und die Schernbergstraße kommen wir zum Stadtplatz zurück.

Mit dem Rad auf den Roßbrand

Den Hausberg erkunden

- **Tourcharakter:** Radtour 🚲
- **Ausgangs- und Endpunkt:** Radstadt, Parkplatz Fischerbühel
- **Weglänge:** 25 km
- **Gesamtdauer:** 3 h
- **Höhenunterschied:** 900 hm
- **Besonderheit:** Phänomenales Bergpanorama

Der 1770 Meter hohe Roßbrand, nördlich von Radstadt in den Salzburger Schieferbergen gelegen, ist einer der heiß umkämpften Berge im Land. Es ist die grandiose Aussicht, die ihn so begehrt macht, und dass er gleich von drei Orten aus begehbar ist: von Radstadt, von Filzmoos und von Eben. Wer Sehnsucht nach der Vielfalt der Salzburger Berglandschaft hat und den sportlichen Anspruch nicht scheut, für den ist die Radtour auf den Hausberg der Radstädter wie gemacht.

Wir starten am Parkplatz Fischerbühel östlich vom Hofhaimerplatz, überqueren auf der Nagelschmiedstraße die Bundesstraße, biegen danach rechts in die Schlossstraße ab und nehmen die zweite Abzweigung nach links. Damit sind wir auch schon am Anfang der Panoramastraße und unserer Strampeltour auf den Roßbrand, der trotz seiner mittleren Höhe ein unglaubliches Umgebungspanorama präsentiert. Auf dem ersten Viertel der Strecke heißt es, ordentlich in die Pedale treten, denn es gilt auf kurzer Strecke 300 Höhenmeter zu überwinden. Ab dem Kohlegg-Bauern geht es dann etwas harmloser weiter, bis wir am Unteren Schwemmberg nach einer 90-Grad-Kurve in westlicher Richtung bei sehr erträglicher Steigung weiterfahren. Bis zur nächsten Richtungsänderung sind es etwa 2 Kilometer. Danach geht es in einem Zug in nordöstlicher Richtung bis zum Plateau hinauf. Dabei sind die verbleibenden 300 Höhenmeter abzuarbeiten. Den auf 1720 Meter liegenden Parkplatz erreichen wir nach einer weiteren starken Linkskurve. Die letzte Etappe zur Hütte und damit auf den Gipfel führt über einen kurzen Schotterweg. Die Aussicht ist kaum zu überbieten. Vorne das Ennstal mit Radstädter und Schladminger Tauern, hinten Gosaukamm, Bischofsmütze und Dachstein-Massiv und gegen Westen das Tennen- und Hagengebirge. Ob dieses Panorama nun trunken macht oder nicht, die Rückfahrt entspricht in jedem Fall der Herfahrt.

Vom Fürstenbrunn zum Hakarsee

Fischteich und Bergsee

- ■ **Tourcharakter:** Halbtagestour
- ■ **Ausgangs- und Endpunkt:** Kirche in Untertauern
- ■ **Weglänge:** 9 km
- ■ **Gesamtdauer:** 5 h
- ■ **Höhenunterschied:** 850 hm
- ■ **Besonderheit:** Gut geeignet für ein kleines Bergabenteuer

Der Hakopf ist ein knapp 2000 Meter hoher Berg in den Radstädter Tauern zwischen dem Taurachtal und dem Zauchenbachtal. Nördlich des Hakopfs ist im Zuge der Gebirgsbildung eines der vielen Kare in den Niederen Tauern entstanden – Geländemulden, die von einer steilen Rückwand halbkreisförmig umschlossen werden. Darin haben sich häufig kleine Seen gebildet.

Wir starten neben der Kirche in westlicher Richtung, überqueren die Passstraße und anschließend die Taurach und biegen danach links ab. Beim Fischteich Fürstenbrunn, wo auch der Taurachweg beginnt, nehmen wir einen schmalen Steig, auf dem es im Zick-Zack-Kurs ziemlich steil bergauf geht. Nach der Überwindung der ersten 300 Höhenmeter – wir befinden uns jetzt oberhalb der Katzenwand – kommen wir über breit ausgelegte Serpentinen zuerst in den Wald, dann über Almböden und schließlich zum See. Das Landschaftsschutzgebiet um den kleinen Karsee ist von großen Almrosenbeständen und von Fichten und Lärchen geprägt. Der Rückweg entspricht dem Anstieg.

Von Untertauern zum Tauernkarsee

Wo Lacken zu Seen gekürt werden

- **Tourcharakter:** Halbtagesausflug
- **Ausgangs- und Endpunkt:** Untertauern
- **Weglänge:** 10 km
- **Gesamtdauer:** 4 h
- **Höhenunterschied:** 650 hm
- **Besonderheit:** Freizeit- und Wildpark für Kinder

Die Gemeindegrenzen von Tweng auf der Lungauer Seite und von Untertauern auf Pongauer Seite stoßen mitten in Obertauern aufeinander. Dass Obertauern zu zwei Gemeinden und zwei Bezirken gehört und keine selbstständige Verwaltungseinheit geworden ist, dafür haben sich Bürgermeister von Untertauern und Tweng nachhaltig und erfolgreich eingesetzt. Einer der längstgedienten und beharrlichsten unter ihnen war Alois Kohlmayr III. (1875–1941), im Hauptberuf Wirt und letzter Postmeister mit eigenen Postpferden und Postillions. Die „Post" in Untertauern gilt als eines der ältesten Gebäude entlang der Passstraße und weist alle Tribute eines Tauernhauses auf. Die seinerzeitigen Tauernhäuser sind den Autobahnraststätten unserer Zeit vergleichbar, wurden sie doch gleichzeitig als Hospiz, Bergwacht und Einkehr für Mensch und Tier geführt. Die Betreiber der Tauernhäuser, benannt nach den Übergängen in den Hohen und Niederen Tauern, wurden vom Landesherrn finanziell unterstützt, weil sie auch für die Instandhaltung der Wege verantwortlich waren. Gewidmete

Tauernhäuser zwischen Radstadt und Mauterndorf gab es mehrere. Neben der „Post" in Untertauern und der in Tweng waren dies vor allem das Wirtshaus Wisenegg wenige Kilometer vor der Scheitelstrecke auf Pongauer Seite und das „Schaidberg" kurz nach der Passhöhe auf Lungauer Seite. Alle vier Häuser waren zudem Stationen auf der von Fürsterzbischof Sigismund von Schrattenbach 1764 eingerichteten Poststrecke.

Wir starten in Untertauern nördlich der Kirche und gehen in östlicher Richtung ein Stück in den Lürzergraben hinein. Nach etwa 500 Metern macht der Weg zwei kleine Kehren und anschließend folgen wir ihm in südöstlicher Richtung, bis wir an einer Hütte vorbeikommen und kurz danach auf einen Fahrweg stoßen. Wir biegen rechter Hand auf diesen ein, um ihn jedoch nach ein paar hundert Metern schon wieder zu verlassen, weil wir links abbiegen und den Steig nehmen, der uns in einem ausladenden Bogen zum Tauernkarsee hinaufführt. Kurz vor dem See treffen wir erneut auf einen Fahrweg und halten uns links, um so auch den idyllischen kleinen See zu umrunden. Am nordwestlichen Ende des Sees kommen wir auf den Fahrweg zurück und biegen links in ihn ein. Bei der darauffolgenden Weggabelung halten wir uns rechts. Am Rücken des Koppen vorbei geht es etwa einen Kilometer lang leicht abschüssig, bis wir nach der Alm links in einen Steig abbiegen und zu unserem Ausgangspunkt in Untertauern zurückkehren.

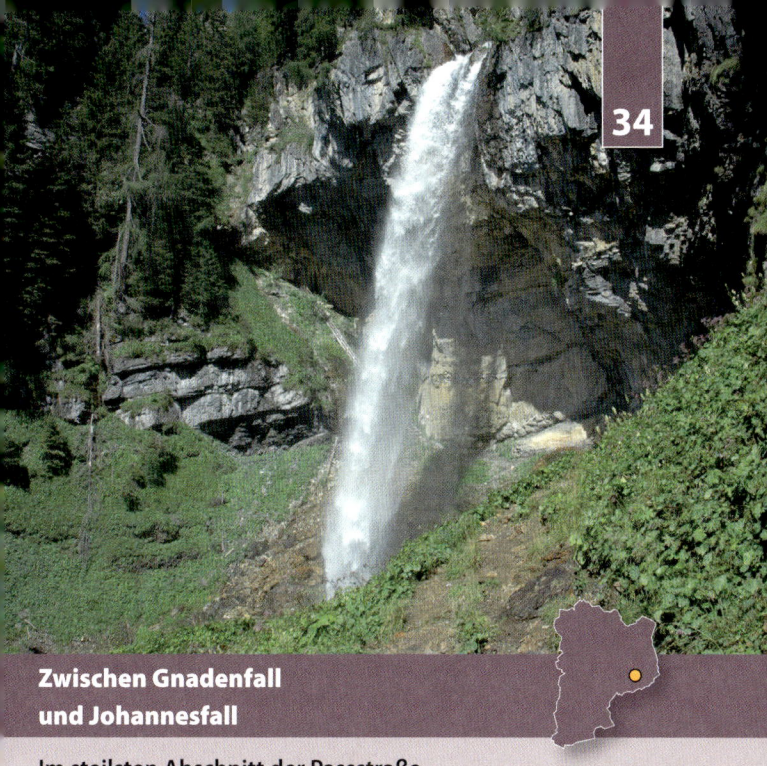

34

Zwischen Gnadenfall und Johannesfall

Im steilsten Abschnitt der Passstraße

- **Tourcharakter:** Halbtagestour
- **Ausgangs- und Endpunkt:** Untertauern, Vordergnadenalm
- **Weglänge:** 12 km
- **Gesamtdauer:** 4,5 h
- **Höhenunterschied:** 550 hm
- **Besonderheit:** Imposanter Wasserfall

An der über 2000 Jahre alten Straße, die von Radstadt über Obertauern in den Lungau führt, wird die Steigung zwischen Gnadenfall und Johannesfall mit 15 Prozent angegeben. Wir sind in diesem Abschnitt zu Fuß unterwegs und merken diese Steigung und das entsprechende Gefälle deutlich in den Beinen, insbesondere beim Abstieg vom Johannesfall, der nach den Krimmler Wasserfällen zu den imposantesten Kaskaden im

Land Salzburg zählt. Das Gustostück dieser Tour führt über den Hirschwandsteig, der als einer der schönsten Wanderabschnitte in der Region Obertauern gilt. Geht man ihn in west-östlicher Richtung, von der Südwiener Hütte zur Felseralm, bieten sich neben dem überwältigenden Blick auf das Dachstein-Massiv auch interessante Aus- und Einblicke auf Obertauern, die das quirlige Wintersportzentrum im ruhigen Sommerkleid zeigen. Mit ein wenig Fantasie lässt sich das dicht verbaute Bettendorf, das mit einem Netz aus „Aufstiegshilfen" überzogen ist, sogar schön denken. Denn es ist überhaupt nicht einzusehen, warum die Passhöhe, auf der noch Ende der 1950er-Jahre neben dem Friedhof der Namenlosen, der kleinen Kirche und ein paar Häusern nichts stand, nur dem Wintersport vorbehalten bleiben soll.

Unsere Tour beginnt bei der Vordergnadenalm, das heißt, wir verlassen die Passstraße von Untertauern kommend bei der Gnadenbrücke und biegen rechts ab. Bei der Weggabelung nehmen wir den Weg links, der die Nr. 28 trägt und in südwestlicher Richtung parallel zur Straße führt, dazwischen rauscht die Taurach. Dieser Fahrweg bringt uns zu einer Alm, hinter der ein Steig in kleinen Serpentinen Abwechslung zur monotonen Fahrstraße, die zur Südwiener Hütte führt, bietet. Im Prinzip ist der Hirschwandsteig leicht zu gehen und wegen des sich öffnenden Panoramablicks ein nachhaltig wirkendes Bergerlebnis. Unmittelbar nach einer Schlechtwetter-Phase sollte man ihn nicht oder nur mit großer Vorsicht gehen, denn die rutschigen Steine haben es in sich. Wir sind auf dem Weg Nr. 25 unterwegs und achten auf die Wegkreuzung nach dem Steig. Dort biegen wir nach links ab und gehen in nördlicher Richtung zur Felseram hinab, von wo aus wir in einem weiten Bogen den Johannesfall erreichen. Dabei sollte man sich das Erlebnis, unter bzw. hinter dem Wasser hindurchzugehen, nicht entgehen lassen. Dass der Untergrund nass und rutschig ist, versteht sich von selbst. Nach der Berührung mit dem Wasser wandern wir wieder auf den Steig Nr. 24 zurück und kommen so über die Gnadenalm zu unserem Ausgangspunkt.

35

Von Forstau auf den Oberhüttensattel

Neuer Pilgerweg auf alten Spuren

- ■ **Tourcharakter:** Zweitagestour
- ■ **Ausgangs- und Endpunkt:** Forstau, Talstation Bergbahn
- ■ **Weglänge:** 29 km
- ■ **Gesamtdauer:** 9 h
- ■ **Höhenunterschied:** 950 hm
- ■ **Besonderheit:** Lange, aber leichte Zweitagestour auch mit Kindern

Dort, wo der Ennspongau an seiner östlichen Grenze die Steiermark berührt, bzw. kurz davor, liegt Forstau am Eingang des gleichnamigen Tals, durch das der Forstaubach fließt. Umgangssprachlich wird er im Salzburgischen schlicht die „Forstau" genannt. Wir befinden uns in diesem Tal am Übergang von den Radstädter zu den Schladminger Tauern, als bedeutende Abschnitte der Niederen Tauern. Hätten die „Verkehrsplaner" früherer Jahrhunderte anders entschieden, würde heute der Hauptübergang vom Pongau in den Lungau über den Oberhüttensattel führen. Mit dem Abzug der Römer am Ende des 5. Jahrhunderts begann auch die von ihnen gebaute Straße über den Tauern zu verfallen, und es schien eine Zeitlang, als ob die Transitstrecke zukünftig durch das Forstautal und auf Lungauer Seite durch das Weißpriachtal verlaufen würde. Doch als das Domkapitel im frühen 11. Jahrhundert die Herrschaft Mauterndorf übertragen bekam, erlebte die Römerstraße eine Renaissance, die bis in unsere Zeit anhält. Der letzte regierende Fürsterzbischof Hieronymus Graf Colloredo wollte auf der Suche nach Geldeinkünften den Bergbau am Oberhüttensattel wieder aktivieren. So kam noch einmal der Gedanke auf, die Haupttransitroute zu verlegen, dies vor allem auch deshalb, weil die Straße über den Tauern sehr lawinengefährdet war. Doch der Lauf der Geschichte drängte schon in eine andere Richtung. Das Ablaufdatum des eigenständigen Fürstenstaates rückte unheilvoll näher und Colloredo blieb nur mehr die Flucht nach Wien, um nicht den Truppen Napoleons in die Hände zu fallen.

Tag 1

Der Ausgangspunkt unserer Zweitagestour liegt bem Parkplatz der Sessellift-Talstation. Zuerst peilen wir die Kirche an. Von ihr geht es in östlicher Richtung taleinwärts. Wir befinden uns auf dem Leonhardsweg, einem Pilgerweg, der seit einigen Jahren von der Stadt Salzburg zur Leonhardskirche in Tamsweg führt. Da die Höhendifferenz auf einer Strecke von 11 Kilometern nur 450 Meter ausmacht, bleibt noch genug Luft zum Nachdenken, wie die Menschen wohl vor 1500 Jahren auf diesem Weg unterwegs gewesen sein mögen. Als kleiner Nachteil mag der Umstand empfunden werden, dass die Strecke bis zur Vögeialm auch von Autos befahren werden kann. Aber zum Pilgerwandern oder mit Kindern ist die Forstau mit dem für die Region typischen Almencharakter ideal.

Nach der auf 1383 Meter liegenden Vögeialm wählen wir für den weiteren Weg den Steig, der nach der Almhütte bachaufwärts entlang des Oberhüttenbaches verläuft. Er führt uns bis zum Oberhüttensee und zur gleichnamigen Hütte, auf der wir übernachten. Dabei geht es zuerst durch den Wald und im Weiteren über Wiesen und durch Latschenfelder. Nach gut 1,5 Stunden ist der See, der zu einem erfrischenden Fußbad einlädt, erreicht.

Tag 2

Nachdem der nicht allzu große See – er misst 400 Meter in der Länge und 150 Meter in der Breite – umrundet und das Panorama genossen wurde, wird es wieder ernst, denn wir machen uns auf den Weg hinauf zur Seekarscharte. Am hinteren Ende des Sees, halten wir uns vor dem Sattel rechts und biegen in den Weg mit der Nummer 702 ein, er ist auch als Salzburger Almenweg und Tauernhöhenweg ausgezeichnet. Nach den Wiesen, Waldabschnitten und Almböden des Vortags geht es jetzt über Stock und Stein wahrhaft ins Gebirge. Bei der Seekarscharte biegen wir scharf in nördliche Richtung ab, um durch das sogenannte Klamml über den Weg Nr. 769 zur Vögeialm zurückzukehren. Hier heißt es jetzt ein wenig aufzupassen, weil der Steig abschnittweise durchaus sehr steinig und durch das Klamml auch feucht und rutschig sein kann. Für den Rückweg von der Vögeialm nach Forstau nehmen wir den Bus (Tel. 06454/8325).

Zum Hinteren der drei Fager

Entspanntes Wandern zwischen zwei Tälern

- **Tourcharakter:** Halbtagestour
- **Ausgangs- und Endpunkt:** Forstau, Gasthof Innviertler
- **Weglänge:** 10 km
- **Gesamtdauer:** 4 h
- **Höhenunterschied:** 800 hm
- **Besonderheit:** Eine Tour für zwischendurch

Das Schöne an der Wanderung zum Hinteren Fager ist ihr unaufgeregter Charakter. Bei dieser Tour, für deren Beschreibung keine Superlative zu bemühen sind, steht ausschließlich das entspannte und entspannende Gehen in den Bergen im Mittelpunkt. Somit ist sie bestens geeignet, um sich auf das

Wesentliche zu konzentrieren: die Begegnung mit der Bergwelt. Der Aufstieg zum Vorderen, Mittleren und Hinteren Fager führt nicht durch ein Tal, nicht einmal durch einen Graben, sondern auf den Kamm hinauf, der zwischen dem Taurachtal im Westen und der Forstau im Osten verläuft. Denkt man sich die Linie vom Hinteren Fager weiter, führt sie direkt auf die Scheitelstrecke des Radstädter Tauernpasses zu und damit auf jene Region in den Niederen Tauern, die von zahllosen kleineren Seen und Lacken durchzogen ist. Sie sind insofern Überbleibsel der großen Gletscher aus der Eiszeit, als diese in den weicheren Gesteinslagen Mulden formten, die sich nach dem Verschwinden der Gletscher mit Wasser füllten. In der Regel befinden sich diese Seen in einer Höhe von etwa 1800 bis 2000 Meter. Auch nördlich des Hinteren Fager befinden sich südöstlich des Laitternkogels Beispiele der beschriebenen Gewässer, die jedoch nur schwer zugänglich sind.

Auf der Straße von Radstadt nach Forstau biegen wir bei der zweiten Kreuzung nach rechts ab und fahren bis zum Gasthof Innviertler. Dort lassen wir das Auto stehen und starten den Aufstieg zum Hinteren Fager am Beginn des Wandersteigs Nr. 715. Dieser Wandersteig führt immer wieder einmal parallel zur frei befahrbaren Almstraße, vermittelt jedoch durch das abwechslungsreiche Auf und Ab, das zuerst über Wiesen und später über Almböden führt, einen sehr direkten Eindruck der für die Nordhänge der Niederen Tauern typischen Landschaft. Der Waldgürtel besteht in der Hauptsache aus Fichten, die in höheren Lagen mit Lärchen und vereinzelt auch Zirben durchsetzt sind. Darüber dehnen sich weite Latschenfelder aus. Während die Straße am Vorderen Fager (1790 Meter) noch vorbeiführt, ist der Mittlere Fager (1836 Meter) nur mehr zu Fuß zu erreichen. Selbst der letzte Abschnitt bis zum dritten der Fager-Brüder, dem Hinteren Fager (1967 Meter), weist nur ein kurzes Steilstück zum Gipfel auf. Der Rückweg entspricht dem Anstieg.

Michael Gaismair: Vom Sozialreformer zum Rebellen

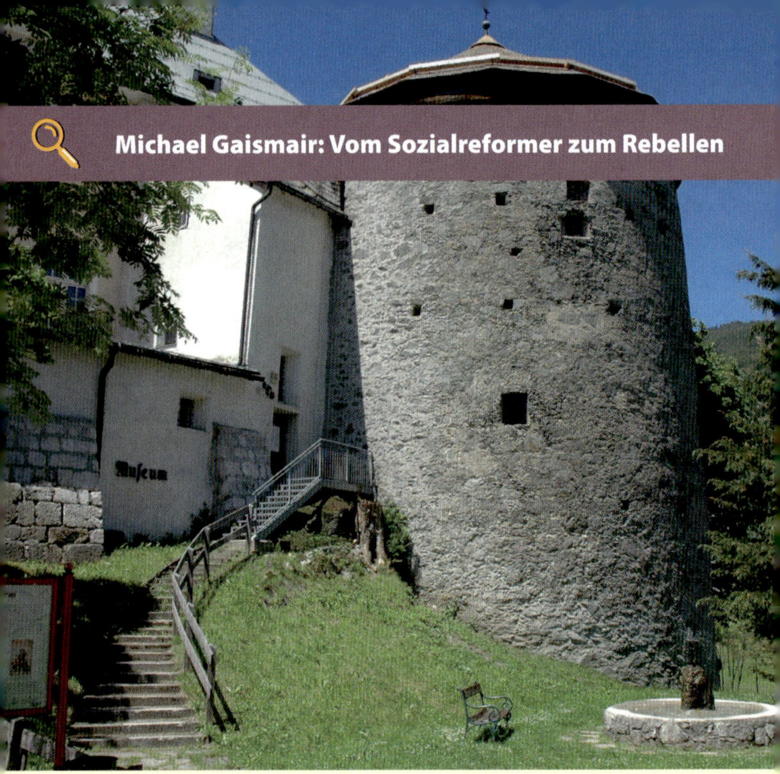

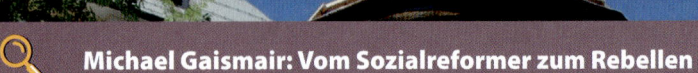

Was 1525 in Schwaben mit dem Brand von Schloss Schemmerberg bei Biberach als Deutscher Bauernkrieg begann, endete ein Jahr später mit der misslungenen Einnahme Radstadts durch die Aufständischen unter der Führung Michael Gaismairs. Während die Aufständischen in die Flucht geschlagen wurden, erhielt die gut befestigte „alte Stadt im Gebirge" eine Reihe zusätzlicher Privilegien verliehen. Siegreich blieb Radstadt nicht nur, weil der Schwäbische Bund wie schon zur Rettung Matthäus Langs auf der Festung Hohensalzburg zu Hilfe eilte, sondern auch, weil die Stadt wegen ihrer Funktion als Grenzbastion zur habsburgischen Steiermark bestens gerüstet war. Außerdem wurde von hier aus auch der Handel über den Radstädter Tauern kontrolliert. Der Schwäbische Bund war so etwas wie eine genossenschaftlich organisierte Einheit bestehend aus Mitgliedern des hohen und niederen Adels sowie der

20 schwäbischen Reichsstädte. Als nützliches Instrument der Reichsreform sicherte er den Landfrieden und wurde besonders durch seine Rolle bei der Niederschlagung des Bauernaufstands bekannt.

Ursprünglich hatten die Bauern zwar auf Gewaltandrohung verzichtet, indirekt bedeuteten ihre Forderungen aber eine deutliche Kampfansage an den Klerus und den Adel. Deren Privilegien sollten gekappt werden. Dies wäre aber nur der erste Schritt gewesen. Der zweite hätte darin bestanden, sie gänzlich ihrer Macht und ihres Einflusses zu berauben. Das erkannte auch Martin Luther und gebot den Aufständischen Einhalt, obwohl er Teile ihrer Forderungen unterstützte. Der Reformator, durch dessen Schriften sich die Bauern und Bergleute ermuntert sahen, mehr Rechte und bessere wirtschaftliche Bedingungen zu fordern, mahnte zur Zurückhaltung und zur Trennung von religiösen und sozialen oder wirtschaftlichen Forderungen. „Aber den christlichen Namen", so pocht er, „den lasst stehen und macht ihn nicht zum Deckmantel eures ungeduldigen, unfriedlichen, unchristlichen Unternehmens."

Die Verstrickungen Gaismairs, als zweites Kind einer Bauernfamilie bei Sterzing geboren, in die Bauernkriege begann 1512 in Schwaz, wo der in Padua studierte Jurist als Sekretär für die Handelsfamilie Fugger arbeitete. Er wurde von den Knappen gebeten, einen Beschwerdebrief an den Hof in Innsbruck zu verfassen, worin Klage geführt wurde, dass die Löhne nur mit Verspatung ausbezahlt würden und ein bislang gewährtes Zubrot – das Durchkämmen stillgelegter Minen – ersatzlos gestrichen wurde. Der Brief bewirkte nicht viel, Schwaz blieb ein Unruheherd, aber Gaismair war für die Nöte der Knappen und Bauern sensibilisiert. Der Stachel ließ ihn nicht mehr los, er schien, ganz im Gegenteil, immer tiefer in Gaismairs Bewusstsein vorzudringen.

Nach der Zeit in Schwaz stand er in Diensten des Landeshauptmanns an der Etsch, der ihn seiner Tüchtigkeit und
seines militärischen Geschicks wegen sehr schätzte, bis Gaismair übermütig wurde und in die eigene Tasche wirtschaf-
tete. Vielleicht wurde er auch dazu verleitet, weil man ihn
loshaben wollte. Die exakten Hintergründe der Affäre, die
eine Degradierung und Versetzung zur Folge hatten, sind
nach wie vor ungeklärt. Jedenfalls wurde ihm vorgeworfen,
Teile ihm anvertrauter Gelder zum Anheuern von Söldnern
für private Zwecke verwendet zu haben. Der eigentlich ver-
mögenslose Gaismair hatte nämlich etwa zu dieser Zeit ge-
heiratet. Aller Privilegien und Auszeichnungen ledig war er
im Amt des Fürstbischofs von Brixen mit dem Anlegen von
Abschriften betraut. Dabei las er vom Fall eines gewissen
Peter Pässler, dem angeblich ohne Angabe von Gründen
Fischereirechte entzogen worden waren. Als dieser mit dem
Faustrecht drohte, dessen Ausübung in Tirol unter schwe-
rer Strafe stand, ließ ihn der Bischof zum Tode verurteilen.
Gaismair, der eine Rechnung mit der Obrigkeit offen hatte,
verhalf Pässler zur Flucht. Als es im Zuge der angesetzten
Vollstreckung in Brixen zu Ausschreitungen gegen Adel und
Klerus kam, war Gaismair an vorderster Front dabei.

Erzherzog Ferdinand von Habsburg, Karls Statthalter in Innsbruck, bekam kalte Füße und setzte auf Diplomatie, um die
Bauern ruhig zu stellen und um die Forderungen, die von Seiten des Adels und des Klerus sowie des Hauses Fugger auf ihn
einprasselten, halbwegs zu befriedigen. Er berief einen Land-
tag ein und verhandelte mit Gaismair, der jedoch in Brixen geblieben war, weil er dem „Frieden" nicht traute. Und er sollte
Recht behalten. Als es Ferdinand schließlich doch gelang,
ihn nach Innsbruck zu locken, sah sich Gaismair kurz darauf
verhaftet. Nach gelungener Flucht in die Schweiz zog er sich
in ein Kloster nahe Davos zurück und verfasste eine neue

Landordnung, worin er Gleichheit für alle vor dem Gesetz forderte ebenso wie die Erstellung eines Gesetzbuches, den Privilegienabbau des Adels und die Abschaffung der weltlichen Macht der Kirche. Richter sollten zukünftig gewählt werden und eine angemessene Besoldung sollte sie vor Einflussnahme und Bestechung bewahren. Diese Landordnung, die einen Bauern- und Knappenstaat zum Ziel hatte, war für die damaligen Verhältnisse durchaus als „demokratisches Manifest" zu verstehen. Das konnte Ferdinand nicht so stehen lassen und drang auf die Beseitigung des Renegaten.

Nachdem der Bauernaufstand sich auch im Fürsterzbistum ausgebreitet hatte und Erzbischof Matthäus Lang sich auf der Festung Hohensalzburg verschanzte, fühlte sich Gaismair ein weiteres Mal gefordert, zumal eine Wiederaufnahme des Kampfes in Südtirol gescheitert war.

In der letzten Schlacht des Deutschen Bauernkrieges, in der es um die Einnahme Radstadts ging, kämpfte Peter Pässler an Gaismairs Seite. Doch wie der Schwäbische Bund schon Lang zu Hilfe geeilt war, schickte er auch ein Entsatzheer nach Radstadt, dem die Truppen unter Gaismair zwar einigen Widerstand entgegenbrachten, schließlich jedoch aufgeben mussten. Den beiden gelang mit mehreren Hundertschaften an Getreuen die Flucht nach Venedig, wo sie vom Erzfeind Habsburgs großzügig aufgenommen wurden. Jetzt sah Erzherzog Ferdinand seine Stunde nahen. Er setzte auf beide ein Kopfgeld aus und hatte Erfolg. Pässler wurde 1527 im friaulischen Venzone von Häschern getötet. Bei Gaismair dauerte es länger. Er wurde am 15. April 1532 auf der Freitreppe seines Landsitzes, der Villa Draghi bei Montegrotto, von gedungenen Mördern überwältigt und durch Messerstiche ermordet. Wer die Mörder bezahlte, das Haus Habsburg oder die Familie Fugger, liegt im Dunkeln.

Ruhiger
Winkel

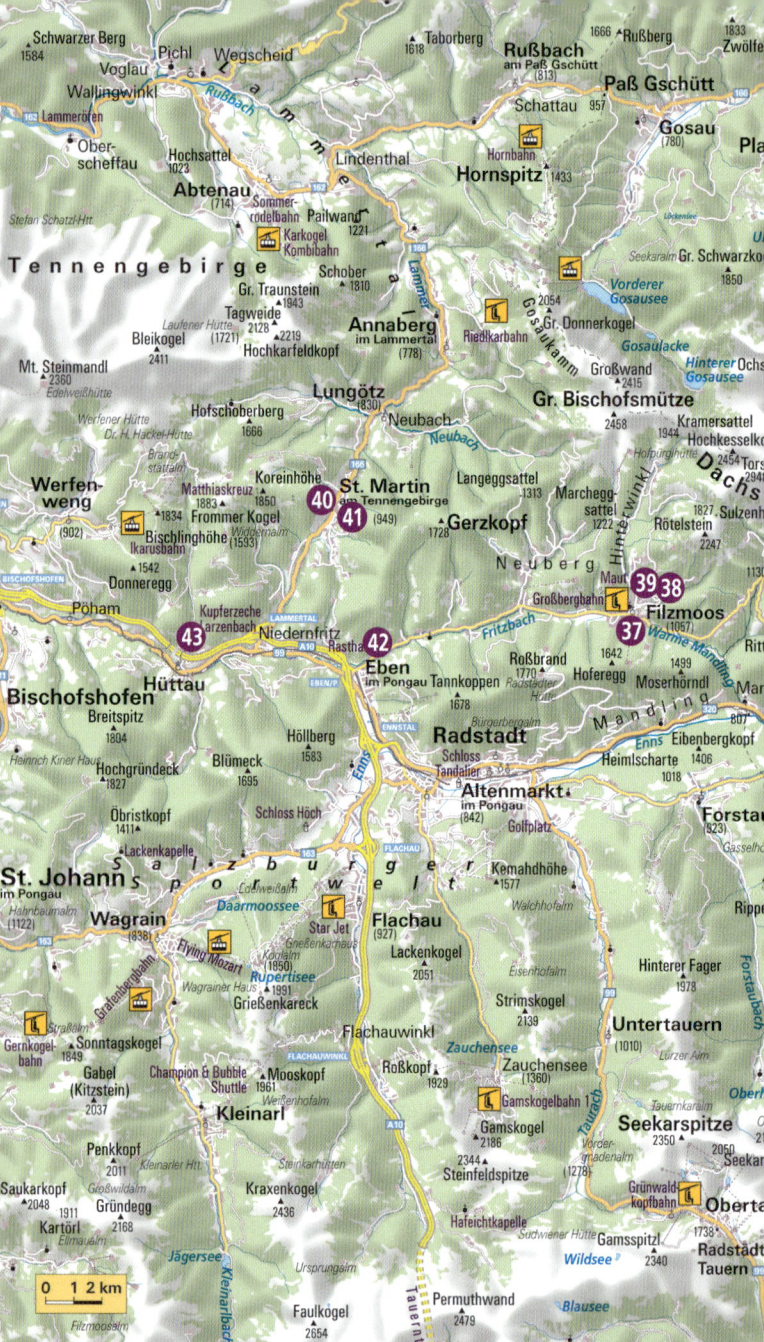

Zwischen Bischofsmütze und Salzach

Die Rahmenhandlung bilden auch hier die Berge – und das in sehr eindrucksvoller Weise. Es sind drei Gebirgsstöcke, die den Winkel zwischen Salzach und der Landesgrenze zur Steiermark entlang der Kalten Mandling im Osten prägen. Der Reiz dieses ruhigen Winkels liegt in seiner Umschlossenheit, und es hat durchaus den Anschein, als ob die drei dafür verantwortlichen Gebirgsstöcke sogar noch damit kokettierten, wer denn der attraktivste von ihnen sei. Im Westen präsentiert sich das Tennengebirge fast ein wenig eitel als ebenso eleganter wie mächtiger Kamm und als Bollwerk zur Salzach hin. Eitel deshalb, weil es einer der wenigen Gebirgszüge im Land Salzburg ist, der sich innerhalb der Landesgrenzen sowohl auf seiner Vorder- wie auf seiner Rückseite bewundern lassen kann. Wo sonst natürliche Grenzverläufe oftmals bestimmen, dass nur eine Seite zur Schau gestellt werden kann, kann sich das Tennengebirge den Applaus von allen Seiten einheimsen. Im Osten zeigen Bischofsmütze und Gosaukamm ihre Krallen und südlich davon das Dachstein-Massiv, und zwar so mächtig, als ob dahinter ein völlig anderes Universum zu verstecken und zu schützen sei. Zum südlich gelegenen Ennspongau schirmt der Roßbrand ab, der zumindest so höflich ist und dazu einlädt, von Filzmoos nach Eben über seinen Kamm zu wandern. Ganz uneigennützig ist er dabei nicht, will er sich doch als einer der schönsten Aussichtsberge des Landes erleben und loben lassen. Wer in dieser Region nach Weite strebt, muss sich nach Norden hin ausrichten, wo sich das Lammertal in, wie es scheint, liebevoller Umarmung des Tennengebirges zuerst nach Norden und dann nach Westen hin zur Salzach erstreckt.

Wo entspringt die Lammer? Eine Preisfrage par excellence, und es ist zu befürchten, dass die Töpfe mit den Preisgeldern nicht ausgeschöpft werden. Ihren Ursprung hat sie südöstlich der Teufelskirche. Vielleicht ist er deshalb so wenig bekannt? Nun, die Teufelskirche ist eine 1648 Meter hohe Erhebung am Südostrand des Tennengebirges. Bis die Lammer nördlich vom Pass Lueg in die Salzach mündet, hat sie etwas mehr als 40 Kilometer hinter sich, alles in allem ein weiter Bogen in steter Nähe zum Gebirge, in dem sie entspringt. Viel wichtiger als die Lammer, die den Großteil ihres Verlaufs auf Tennengauer Boden hat, ist für die Entwässerung des Pongaus jedoch der Fritzbach, der als Schattbach südlich der Bischofsmütze, unterhalb der Hofpürglhütte, entspringt, und bei der Kreuzbergmaut nördlich von Bischofshofen in die Salzach mündet, nachdem er den St.-Martins-Bach sowie den Larzen- und Igelsbach aufgenommen hat. Von Filzmoos bis Eben verläuft der Fritzbach entlang der Nordhänge des Roßbrands, danach trennt er die Salzburger Schieferberge von den Nördlichen Kalkalpen und bildet damit die Talwasserscheide zwischen Enns und Salzach.

Während Filzmoos und St. Martin am Tennengebirge sprichwörtliche Gebirgsdörfer mit entsprechendem Charme sind – das eine leise, das andere lauter – liegen Eben und der alte Bergbauort Hüttau am jahrtausendealten Verkehrs- weg vom Salzachtal zum Ennstal und über den Radstädter Tauern nach Süden. Die Herausforderung, diesen Winkel kennenzulernen, liegt nicht so sehr in der Entscheidung, dorthin zu fahren und die eine oder andere Tour in einen der drei Gebirgsstöcke zu unternehmen, sondern vielmehr darin, eine Fahrt auf der Tauernautobahn zu unterbrechen, um den ruhigen Winkel zu entdecken.

37

Von Filzmoos
über den Roßbrand nach Eben

Eine Tour mit viel Aus- und Überblick

- **Tourcharakter:** Zweitagestour
- **Ausgangspunkt:** Filzmoos, Unterhof
- **Endpunkt:** Eben, Talstation der Bergbahnen
- **Weglänge:** 14 km
- **Gesamtdauer:** 6 h
- **Höhenunterschied:** 750 hm
- **Besonderheit:** Moore auf dem Bergrücken

Die Wanderung über den Roßbrand von Filzmoos nach Eben im Pongau verbindet zwei Orte, die unterschiedlicher nicht sein könnten und doch eine Gemeinsamkeit haben – den Roßbrand. Er zieht sich von der salzburgisch-steirischen Grenze im Osten bis in das Becken von Altenmarkt im Westen, das im Norden an Eben grenzt, wo sich auch die Talwasserscheide zwischen Salzach und Enns befindet. Bis zum Aufkommen des Wintertourismus war Filzmoos ein sehr idyllisches, aber verstecktes Bergnest, das ein wichtiger Ausgangspunkt für Touren auf die Bischofsmütze, zum Gosaukamm und ins Dachstein-Massiv war. Mit dem Bau der wintersicheren Straße von Eben nach Filzmoos Anfang der 1960er-Jahre war auch die Grundlage für den später boomenden Skitourismus geschaffen. Eben genießt den verkehrstechnischen Vorteil, an der B 99 und an der Ennstal-Bahnstrecke zu liegen, hat aber nicht die Prominenz von etwa Altenmarkt und Radstadt. Umso schöner ist die Verbindung der beiden Orte über den Roß-brand, unabhängig in welche Richtung sie gegangen wird.

Wir starten in Filzmoos hinter dem Hotel Unterhof, wobei es am Beginn ein kurzes Stück einer Fahrstraße entlang geht, bis diese in den Dr.-März-Weg einmündet. Auf diesem Wanderweg, der mehrmals Forstwege kreuzt, geht es durch den Wald stellenweise ziemlich steil bergauf. Immerhin sind auf einer eher kurzen Strecke 700 Höhenmeter zu überwinden, was in 2,5 Stunden gut zu schaffen ist. Mit dem Einbiegen vom Dr.-März-Weg in den von Osten kommenden Pfad sind wir bereits auf dem Kamm oben angekommen. Bis zur Radstädter Hütte ist noch ein guter Kilometer zu gehen. Selbstverständlich gilt unsere gesamte Aufmerksamkeit zuerst einmal der fantastischen Aussicht. Im Nordosten geht der Blick über Filzmoos hinauf zur Bischofsmütze samt Gosaukamm und östlich davon zum Dachstein. Im Süden liegt unten das Ennstal und darüber zieht sich die Kette der Niederen Tauern. Mit dem Tennen- und Hagengebirge schließt sich der Kreis nach Nordwesten. Der Gipfel des Roßbrands liegt ziemlich exakt in der Mitte des Bergstocks, was den Blick ins Panorama ausgewogen macht und der Berglandschaft generell Harmonie verleiht. Die zweite Etappe dieser Tour führt uns bis Eben im Pongau und ist knapp 7 Kilometer lang. Dabei geht es in südwestlicher Richtung zuerst noch ein kurzes Stück am Kamm entlang. Anschließend wandern wir stetig, aber gemächlich abwärts, kreuzen oberhalb des Schwemmbergsattels einen Weg und biegen nach weiteren 1,5 Kilometern auf den Roß-brandweg ein. Etwa 45 Minuten später stehen wir kurz nach einer Jagdhütte vor einer Mehrfachgabelung und entscheiden uns für die südlichste Variante, einen Steig, über den wir rasch zu unserem Tagesziel, der Talstation der Bergbahn kommen.

38

Rötelstein-Rundtour

Vorposten des Dachsteins

- **Tourcharakter:** Halbtagestour
- **Ausgangs- und Endpunkt:** Filzmoos, Parkplatz Rettensteinhütte
- **Weglänge:** 14 km
- **Gesamtdauer:** 6 h
- **Höhenunterschied:** 950 hm
- **Besonderheit:** Eine Tour für Frühaufsteher

Der Rötelstein, auch Rettenstein genannt, gehört mit seinen 2247 Metern zum Dachstein-Massiv, gilt quasi als einer seiner westlichen Vorposten und gleichzeitig als Hausberg der Filzmooser. Namensgeber ist das rötlich schimmernde Gestein, das einige Tücken birgt. Zum einen lockert es sich leicht, sodass man in den Steilstellen sehr aufpassen muss, keine Steine abzutreten. Zum zweiten heizt es sich rasch auf. Um die Torturen der Hitze zu vermeiden, sollte mit der Tour möglichst früh begonnen werden, dies auch schon deshalb, weil der Sonnenaufgang auf dem Rötelstein ein Erlebnis für sich ist. Um das Schauspiel nicht zu verpassen, beginnt man mit dem Aufstieg schon im Dunkeln, etwa 3,5 Stunden vor Sonnenaufgang. Bei Nässe sollte man auf die Tour aus Sicherheitsgründen ohnedies verzichten. Ist man in den Regen gekommen, ist insbesondere beim Abstieg zum Sulzenhals Vorsicht geboten. Finden diese „Kleinigkeiten" Berücksichtigung, wird die Tour nicht zuletzt wegen der grandiosen Ausblicke zu einem unvergesslichen Bergerlebnis.

Ausgangspunkt ist der Parkplatz bei der Rettensteinhütte. Fürs Eingewöhnen zum Gehen in der Dunkelheit ist es sehr angenehm, dass es anfänglich nur über Wiesen und Almböden geht. Eine Stirnlampe leistet hilfreiche Dienste. Nach einer Alm macht der Weg eine Biegung nach rechts und wir kommen auf den Westgrat, über den wir nach gut 2 Stunden den Gipfel erreichen, wo wir das Schauspiel des Sonnenaufgangs erleben. Wir sehen die gigantische Dachstein-Südwand vor uns sowie die Felsen des Gosausteins, der Bischofsmütze und des Gosaukamms. Im Süden geht der Blick bis zum Hochgolling, der höchsten Spitze in den Niederen Tauern, und im Westen zum Hochkönig.

Nach dem Abstieg wandern wir zuerst eher gemächlich in nordöstliche Richtung, bis es stellenweise ein wenig kritisch, aber nicht brenzlig wird, nicht einmal wenn es durch eine kleine Schlucht geht. Wenn wir schließlich beim Sulzenhals angekommen sind, halten wir uns rechts und kommen nach einem nördlich ausgerichteten Schlenker bei einer Alm auf die Fahrstraße. Auf dieser bleiben wir ein kurzes Stück, um bei der Bachlalm die rechte von 2 Wegvarianten zu wählen und ein paar hundert Meter später rechts auf den Weg Nr. 671 – einen Teilabschnitt des Salzburger Almenweges – abzuzweigen, bis dieser Steig in einen Forstweg mündet. In diesen biegen wir schließlich rechts ein und gehen über Neuhaus und Haidegg zum Parkplatz zurück.

39

Dachstein-Rundwanderweg

Unterwegs auf dem Bibelsteig

- **Tourcharakter:** Halbtagestour
- **Ausgangs- und Endpunkt:** Filzmoos, Parkplatz Hofalmen
- **Weglänge:** 9 km
- **Gesamtdauer:** 4 h
- **Höhenunterschied:** 700 hm
- **Besonderheit:** Die Bischofsmütze im Visier

Der Dachstein-Rundwanderweg ist eine ideale Möglichkeit, mit dem mächtigen Massiv, an dem die Länder Steiermark, Oberösterreich und Salzburg Anteil haben, Bekanntschaft zu schließen, ohne hochalpin unterwegs sein zu müssen oder die Seilbahn zu bemühen. Außerdem wandern wir im Pongau und da liegt uns die Bischofsmütze ohnedies etwas näher. Unser Abschnitt des Rundweges führt über den sogenannten

Bibelsteig, über den die Salzträger aus der Gosau und andere Lieferanten die lutherische Bibel und andere Gebetsbücher zu den Bauern in die Ramsau gebracht haben.

Wir starten beim Parkplatz der Hofalmen, der über die Mautstraße von Filzmoos zu erreichen ist. Von dort gehen wir nicht wie alle anderen zuerst über den Wastl-Lackner-Steig – benannt nach einem langjährigen Hüttenwirt – zur Hofpürglhütte hinauf, sondern über den Steig Nr. 639 in südöstlicher Richtung zur Wallehenhütte, wobei wir die letzten Meter eine Fahrstraße nehmen. Weiter bis zum Sulzenhals geht's aber wieder auf einem Steig, der am Nordabhang des Rötelsteins entlangführt. Kurz nach dem Sulzenhals biegen wir scharf nach links ab und kommen so auf den Dachstein-Rundwanderweg, auf dem wir über den sogenannten Bibelsteig nach Norden wandern. Am Rinderfeld und der Reißgangscharte vorbei, passieren wir schließlich den Gosaustein. Dabei haben wir die Bischofsmütze stets im Blick. Nachdem wir an der Abzweigung zur Stuhllochscharte vorbeigekommen sind, wendet sich der Weg nach Süden und zur Hofpürglhütte. Von dort kehren wir über den Wastl-Lackner-Steig zu den Hofalmen zurück. Den Abschluss bildet ein kurzer Weg zum Almsee, der die Lust auf Idylle, sollte sie noch nicht gestillt sein, gleichermaßen befriedigt wie die auf Abkühlung der Füße.

40

Von St. Martin zum Jochriedel

Wo die Lammer entspringt

- ■ **Tourcharakter:** Tagestour
- ■ **Ausgangs- und Endpunkt:** Seepark St. Martin
- ■ **Weglänge:** 18 km
- ■ **Gesamtdauer:** 7 h
- ■ **Höhenunterschied:** 1000 hm
- ■ **Besonderheit:** Sehr abwechslungsreiche Tour

Almen, der Übergang ins alpine Tennengebirge und der Ursprung der Lammer – das sind die Eckdaten dieser Tour, die sich sehr abwechslungsreich und mit einigem Auf und Ab gestaltet. Der Ursprung des hinteren Lammertals liegt am Fuß der Teufelskirche, einer Spitze des östlichen Tennengebirges. Anschließend fließt die Lammer – bereits auf Tennengauer Boden – in östlicher Richtung bis Annaberg-Lungötz, wo sie dann abrupt nach Norden abbiegt, um später in einem Bogen nach Westen zu fließen und nördlich vom Pass Lueg in die Salzach zu münden.

Wir starten beim Parkplatz des Seeparks in St. Martin und kommen abschnittsweise über Steige und Fahrstraßen relativ schnell zur Karalm hinauf, die auf einer Höhe von 1438 Meter liegt. Dort halten wir uns an die Beschilderung des Europäischen Fernwanderweges E 4, auf dem wir über die Koreinalm zur Frommer Hochalm kommen, um dort bei der zweiten Wegkreuzung rechts zu den Brandlbergköpfen abzubiegen. Bei der nächsten Kreuzung halten wir uns rechts und lassen den Jochriedel links liegen. Dafür geht's an seinem Osthang über mehrere Serpentinen und dann unterhalb von Teufelskirche, Fritzerkogel, Lüfteneck, Edelweißkogel und Riffl in östlicher Richtung weiter. Die schroffen Kalksteinwände über uns, wandern wir über Almböden und Wiesen recht gemütlich am jungen Oberlauf der Lammer dahin. So kommen wir an der Aualm vorbei, einem Übungsgebiet des österreichischen Bundesheeres, am Lammerursprung, und rechts von uns liegt der Hofschoberberg. Teilweise spazieren wir schon auf Tennengauer Hoheitsgebiet. Nachdem wir das Anwesen Hofhaus passiert haben, kommt zuerst die Abzweigung rechter Hand zum „Scharfen Steig", daran gehen wir vorbei und wenden uns kurz danach rechts in Richtung Schöberlalm. Dafür müssen noch einmal ein paar Höhenmeter, und zwar hinauf, überwunden werden. Über eine Fahrstraße erreichen wir dann rasch die Karalm, an der wir schon beim Anstieg vorbeigekommen sind. Für die letzte Etappe zurück in den Ort haben wir noch einen Weg von gut einer Stunde vor uns.

41

Im Naturschutzgebiet Gerzkopf

Moorlandschaft auf 1700 Meter

- **Tourcharakter:** Halbtagestour
- **Ausgangs- und Endpunkt:** St. Martin, vis à vis Seepark
- **Weglänge:** 12 km
- **Gesamtdauer:** 4 h
- **Höhenunterschied:** 800 hm
- **Besonderheit:** Heidelbeersträucher, so weit das Auge reicht

Moorlandschaften offenbaren die sensiblen Seiten der Natur. Dort, wo das Land noch nicht Boden und das Wasser nur mehr feucht ist, hat der Mensch nur bedingt Zutritt, und befindet er sich dort, hat er sehr achtsam zu sein und nicht als Störenfried aufzutreten. Vor allem gilt es, die vielfältige Fauna und Flora zu schützen. Die ausgeprägte Moorlandschaft um den Gerzkopf wurde 2006 unter Naturschutz gestellt.

Wir starten mit der Wanderung in das Naturschutzgebiet Gerzkopf beim Moastadl vis à vis des Seeparks und gehen ein kurzes Stück in nördlicher Richtung, bis wir auf die Forststraße treffen. Entlang dieser wandern wir durch einen dicht bewachsenen Fichtenwald über 2 Spitzkehren bergauf. Bei der dritten Kehre zweigt ein Steig nach Osten ab, der sich kurz darauf in nördliche Richtung fortsetzt. Nach etwa einem Kilometer heißt es nach einer Abzweigung Ausschau zu halten, die uns rechts auf den Steig führt, auf dem wir über den Kamm zum Naturschutzgebiet wandern. Hier sind wir etwa 2 Kilometer weit unterwegs, kommen am Maißzipf vorbei und staunen vor allem über die vielen Heidelbeersträucher, die weitflächig verbreitet sind. Bei einer privaten Jagdhütte betreten wir das Naturschutzgebiet und halten uns zuerst einmal an die Beschilderung zum Gerzkopf. Der Anstieg zum Gipfel ist etwas anstrengend, aber äußerst lohnend. Zum einen, weil sich das stimmungsvolle Moor aus der Vogelperspektive präsentiert, zum anderen geht es um das überwältigende Bergpanorama.

Anschließend wenden wir uns zur Schwarzen Lacke an der südöstlichen Ecke des Naturschutzgebiets und achten zwischendurch immer wieder auf die Besonderheiten des Moores wie Schwingrasen, Latschenmoor, Rosmarinheide, Rauschbeere und die unterschiedlichen Seggenarten. Seggen gehören zur Familie der Sauergrasgewächse und sind maßgeblich an der Rasenbildung im Moor beteiligt. Neben Rotwild und Auerhahn sind hier der Mäusebussard, verschiedene Spechtarten, der Waldbaumläufer und der Fichtenkreuzschnabel beheimatet, um nur einige der vielen Vogelarten zu nennen.

Zurück geht es anfangs ein Stück des Weges, auf dem wir durch das Moor hergekommen sind. Bei der Weggabelung orientieren wir uns links, um über den Weg Nr. 97, einen Abschnitt des Salzburger Almenweges, nach St. Martin zurückzukehren. Im unteren Drittel des Steiges queren wir den Forstweg und kommen anschließend am Höllbrand vorbei. Über Mitterscharten wandern wir in den Ort und zu unserem Ausgangspunkt zurück.

Höllberg-Waldweg

Kleine Wanderung für zwischendurch

- ■ **Tourcharakter:** Nachmittagsausflug
- ■ **Ausgangs- und Endpunkt:** Eben, Sportzentrum
- ■ **Weglänge:** 6 km
- ■ **Gesamtdauer:** 2 h
- ■ **Höhenunterschied:** 400 hm
- ■ **Besonderheit:** Waldwanderung in den Schieferalpen

Um eine Gegend kennenzulernen, die auch die Einheimischen nicht gleich parat haben, bietet sich eine kleine Rundwanderung von Eben durch den Höllbergwald an. Sie ist vor allem an heißen Sommertagen zu empfehlen, wenn eine leichte Familienwanderung auf dem Programm stehen soll.

Wir starten beim Sportzentrum in Eben. Von dort passieren wir die Unterführung der A 10 und halten uns danach gleich rechts. Auf dem Forstweg Nr. 244 geht es zuerst in westlicher Richtung bis zu einer Weggabelung auf 1100 Meter und dem Ende des Höllbergwaldweges. Wir biegen scharf nach links ab und gehen einen sanft ansteigenden Pfad hinauf, bis wir auf 1250 Meter bei einer weiteren Weggabelung angekommen sind. Wir wählen die östliche Variante, die uns auf einem Forstweg über weite Serpentinen vorbei an Kornberg und Schartelhof in den Ort zurückführt. Abschließend überqueren wir die A 10 und die Bahntrasse und kehren auf einem Wiesenweg zum Ausgangspunkt zurück.

43

Von Hüttau über den Frommerkogel

Unterwegs im ehemaligen Bergbaugebiet

- **Tourcharakter:** Tagestour
- **Ausgangs- und Endpunkt:** Hüttau, Bergbaumuseum
- **Weglänge:** 13 km
- **Gesamtdauer:** 7 h
- **Höhenunterschied:** 1200 hm
- **Besonderheit:** Wandern unter den Flanken des Tennengebirges

Bereits im 13. Jahrhundert soll mit dem Kupferabbau am Larzenbach begonnen worden sein. Erste urkundliche Erwähnungen verweisen auf das Jahr 1549, also auf jene Zeit, als im damaligen Fürsterzbistum der Bergbau in voller Blüte stand. Was aus den Stollen entlang des Larzenbachs zutage gefördert wurde, kam auf den östlich davon gelegenen Weyerberg zur Verhüttung. Und das am Ende des 16. Jahrhunderts erbaute repräsentative Gewerkenhaus steht auf der anderen Talseite am Fuß der Salzburger Schieferalpen. Der Fritzbach trennt die Schieferalpen von den Kalkalpen. Ton angebend auf dieser Tour, die sicher nicht zu den überlaufenen zählt, sind in jedem Fall die sich dramatisch gebenden Ostflanken des Tennengebirges. Da wir uns aber sozusagen im „Fußbereich" aufhalten, ist Kondition gefragt.

Der Ausgangspunkt dieser Tagestour liegt beim ehemaligen Gewerkenhaus, in dem neben dem Museum auch das Gemeindeamt untergebracht ist. Wir steuern auf die Kirche zu, überqueren den Fritzbach und wenig später gehen wir unter der Tauernautobahn hindurch und kommen so bald zum Schaubergwerk. Anschließend geht's auf einem Fahrweg entlang des Larzenbachs etwa 3 Kilometer bis zu einer Alm hinauf und weiter auf einem Steig, der teilweise über Almböden und durch den Wald führt. Bei der ersten Abzweigung halten wir uns rechts und orientieren uns an der Beschilderung zu den Frommer Almen. Nach der Frommer Hochalm achten wir bei der zweiten Wegkreuzung auf den Hinweis zum Weg Nr. 94 A, denn dieser führt uns in südlicher Richtung über den Kamm zum 1863 Meter hohen Frommerkogel. Anschließend geht es weiter hinunter zum Schwarzenegg, an dessen Westrücken vorbei und danach in südöstlicher Richtung und über Almböden talwärts. Bei der Halmalm verlassen wir die Strecke, auf der im Winter gerne Tourengeher unterwegs sind, und gehen am Nordabhang des Weyerbergs in westliche Richtung, bis wir auf den Larzenbach treffen und an ihm entlang über das Schaubergwerk zu unserem Ausgangspunkt zurückkehren.

Weltmeister sind die Pongauer nicht nur auf den Skipisten, sondern auch in der Küche. Zwei der aktuell drei Vier-Hauben-Küchen in Österreich finden sich im Pongau. Johanna Maier in Filzmoos hat den Olymp als bislang erste Frau errungen und die zwei Brüder Obauer in Werfen scheinen von einem Schweizer Präzisionswerk angetrieben zu sein, sodass Kontinuität auf höchstem Niveau das Tagesmotto zu sein scheint. Aber nicht nur das – mindestens so weltmeisterlich gibt eine stringente Gradlinigkeit die Richtschnur ihrer Küche an. Die Rückbesinnung auf heimische Produkte und auf Gerichte aus der Speisekarte der Vorfahren könnte hier ihren Ursprung haben.

Angefangen hat alles mit Eckart Witzigmann. In Vorarlberg geboren, aber in Bad Gastein aufgewachsen, hat er im legendären Hotel Straubinger das Kochen gelernt. Sein Meister war Ludwig Scheibenpflug, jene Kochlegende, die seine immense Erfahrung später an Hotelfachschüler weitergegeben hat. Damit war Witzigmann bestens gerüstet, als er das Tal verließ, auf die Walz ging und die Welt der internationalen Küche kennenlernte. Diese Welt wurde ab den 1970er-Jahren von Paul Bocuse, dem begnadeten Hexer am Herd und Erfinder dessen, was unter dem Schlagwort Nouvelle Cuisine schnell die Runde machte, bestimmt. Witzigmann ist als Bocuse-Schüler das Verdienst zuzuschreiben, die Prinzipien dieser Küche so verinnerlicht zu haben, dass er fast eine eigene Variation davon schuf und die Grundlagen an seine Schüler weitergab. Jörg Wörther war einer davon – übrigens auch ein Pongauer, ein gebürtiger Gasteiner, der seine größte Zeit allerdings im Pinzgau hatte, als er das „Jörg Wörther" auf Schloss Prielau bei Zell am See betrieb.

Dass Bad Gastein ein Ort war, der auch Küchengeschichte geschrieben hat, liegt auf der Hand. Selbst wenn die große Zeit nur von kurzer Dauer war, so hatte die Blut- und Geldaristokratie doch auch im hintersten Tal auf die Einlösung kulinarischer

Ansprüche gepocht. So etwas schafft Substanz und wenn's gut geht, erwächst daraus Tradition.

Darüber hinaus hat der Pongau wie kein anderer der Salzburger Bezirke das Privileg, eine Gegend des Transits zu sein. Mögen damit – zu Recht – auch alle möglichen Vorurteile und Nachteile modernen Massenverkehrs assoziiert werden, Transit ist und bleibt zuallererst ein Privileg. Die Berührung mit Neuem und Unbekanntem ist ein steter Prozess, und es geschieht ganz von selbst, dass Impulse aufgenommen und dem Bekannten hinzugefügt werden oder dass das Neue das Alte verdrängt.

Bei aller haubenschweren und sternenhellen Küche der Altmeister soll aber auch der Nachwuchs zu Wort bzw. zum Kochlöffel kommen dürfen. Einer von ihnen ist Vitus Winkler in St. Veit, der die Kunst zu kochen tatsächlich mit der Muttermilch aufgesogen hat. Rosemarie Winkler stand in der Küche und hatte ihren Vitus als Baby im Wickeltuch umgebunden. Gegen so eine Prägung gibt es kein anderes Rezept, als den Gerüchen und Geräuschen dieser Zeit nachzugehen und das Beste daraus zu machen. Im Kaffeehaus des Sonnhofs der Familie Winkler ist übrigens auch schon Thomas Bernhard eingekehrt.

Schroffe, wilde Welt

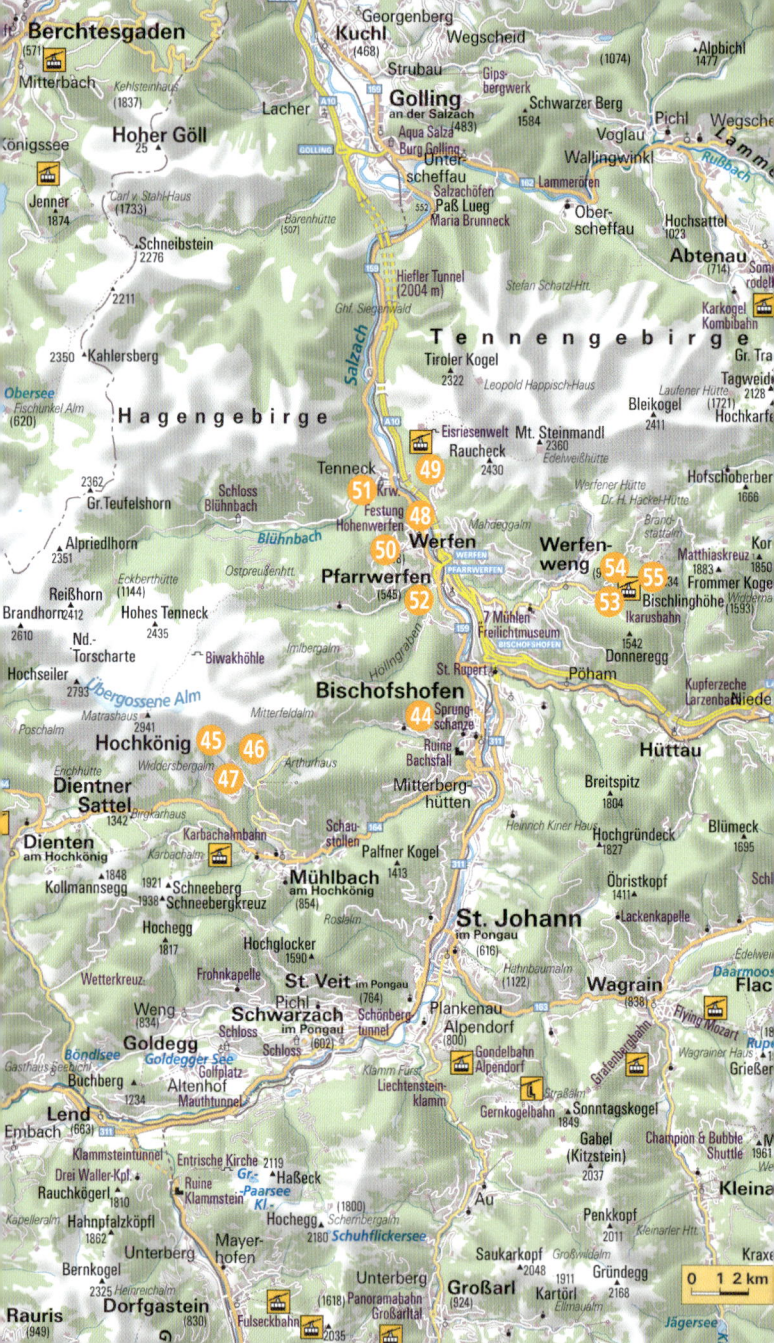

Wo die Salzach nach Norden fließt

Wenn sich die Salzach, der längste und wichtigste Fluss des Landes, nach Schwarzach in Richtung Norden wendet, beginnt sich auch die Szenerie der Landschaft zu verändern. Die Hohen Tauern, die sie vom Krimmler Achental bis zum Großarltal entwässert, lässt sie hinter sich, kurz darauf auch die Salzburger Schieferalpen. Mit dem Hochkönig und dem anschließenden Hagengebirge im Westen und dem Tennengebirge im Osten durchfließt die Salzach ab Bischofshofen die Nördlichen Kalkalpen, die den Pongau zum Salzburger Becken hin fast verschließen. Tief unten in den Salzachöfen brechen sich die donnernden Strudel am Kalkgestein, während oben die beiden Gebirgszüge fast zusammenzuwachsen scheinen und die Außenwelt schroff abweisen.

Die 225 Kilometer lange Salzach wird in drei Abschnitte eingeteilt, die sich weitgehend mit den Bezirksgrenzen decken. Der Oberlauf führt – je nach Auffassung – von der Quelle am Salzachgeier bzw. am Krimmler Kees unterhalb der Dreiherrenspitze bis Lend, wo auch die Grenze zwischen Pinzgau und Pongau verläuft. Der Mittellauf ist identisch mit der Strecke der Salzach durch den Pongau, und der Unterlauf beginnt mit der Öffnung des Salzburger Beckens. Mit der Änderung der Flussrichtung nach Schwarzach verlässt die Salzach jene Längstalfurche, die im Zuge der Auffaltung der Alpen entstanden ist und parallel zu den Hohen Tauern verläuft. Diese Furche findet mit dem Ennstal ihre Fortsetzung im Osten.

Dank der ergiebigen Kupfervorkommen in Mühlbach am Hochkönig und am Götschenberg in Bischofshofen, die sich bis in das Jahr 2000 v. Chr. zurückverfolgen lassen, war die Gegend nicht nur ein Kristallisationspunkt des Kupferbergbaus in den Ostalpen, sondern auch ein kontinuierlich bedeutsamer Siedlungsraum, der im 5. Jahrhundert v. Chr. von den Kelten und anschließend von den Römern genutzt wurde. Folgerichtig fand auch die Christianisierung entsprechend zeitig statt. Bereits für das Jahr 711 n. Chr. liegt eine erste urkundliche Erwähnung im Rahmen der Klostergründung „Maximilianszelle" (*Cella Maximiliana*) durch den Wormser Bischof Rupert und späteren Salzburger Landespatron vor. Wie groß die Bedeutung der heutigen Stadt, die gerne auch „B'hofen" genannt wird, war, lässt sich auch daran ermessen, dass der Pongau seinen Namen von dem ursprünglich „Pongo" genannten Ort übertragen bekommen hat. Der heutige Ortsname geht dagegen auf die Bischöfe von Chiemsee zurück, in deren Besitz der Ort 1215 gelangte. Heute ist B'hofen nicht nur ein wichtiger Verkehrs- und Bahnknotenpunkt, sondern zudem einer der Austragungsorte der Vierschanzentournee, die hier ihren Abschluss findet. Nordöstlich geht es ins Fritztal und parallel dazu auf der A 10, der Tauernautobahn, in den Süden, während in südwestlicher Richtung mit der B 164, der Hochkönig-Landesstraße, Mühlbach am Hochkönig erreicht wird, von wo aus die Standardroute auf den 2941 Meter hohen Gipfel des Hochkönigs führt.

Zwischen der Nordostflanke des Hochkönig-Massivs und dem Hagengebirge zieht sich von Tenneck bei Werfen das Blühnbachtal in südöstliche Richtung. Bekannt geworden ist das idyllische Tal, das immer schon mehr von der Jagd als von der Almwirtschaft geprägt war, durch das einstige Jagdschloss der Fürsterzbischöfe, das der jagdversessene Thronfolger Franz Ferdinand zu Beginn des 20. Jahrhunderts zu einem seiner Lieblingsplätze auserkor. Nachdem Kaiser Franz Joseph I. das Schloss nach dem Attentat von Sarajewo an die Essener Krupp-Dynastie verkauft hatte, kam es aus den Schlagzeilen nicht mehr heraus. 1945 fanden die Amerikaner dort den bereits schwer erkrankten Gustav Krupp, den sie im Nürnberger Kriegsverbrecherprozess stellvertretend für die deutsche Industrie auf der Anklagebank sehen wollten. Dies kam wegen seiner Krankheit aber nicht zustande. Ein Vierteljahrhundert später feierte Gustavs Enkel, letzter

Krupp-Erbe und Paradiesvogel in Personalunion Alfred von Bohlen und Halbach Hochzeit mit Henriette von Auersperg. Ein weiteres Vierteljahrhundert später wurde er in der Schlosskapelle beigesetzt und das Schloss ging im Zuge des Verlassenschaftskonkurses an den US-amerikanischen Kunstmäzen und Philantropen Frederick R. Koch.

Werfen, einer der ältesten Märkte des Landes, war spätestens seit dem 11. Jahrhundert nach dem Bau der imposanten Festung ein wichtiges Handels- und Verwaltungszentrum. Auch nach der Etablierung der Bezirkshauptmannschaften war Werfen von 1850 bis 1867 der Hauptort des Pongaus, ehe der Sitz der Bezirksverwaltung nach St. Johann im Pongau verlegt wurde. Als Ende des 19. Jahrhunderts im Zuge der kontinuierlichen Erschließung der Gebirge im Salzburger Land die heute sogenannte Eisriesenwelt entdeckt wurde, war Werfen um eine weitere Attraktion reicher geworden.

Werfenweng, das einige Kilometer südöstlich von Werfen auf einer Terrasse 350 Meter über der Salzach liegt, ist nicht nur wegen seiner avantgardistischen Verkehrspolitik bekannt, sondern auch als Ausgangspunkt für zahlreiche Touren im Tennengebirge.

44

Stadtspaziergang in Bischofshofen

Im Schatten der Schanze

- **Tourcharakter:** Halbtagesausflug
- **Ausgangs- und Endpunkt:** Bischofshofen, Maximilianskirche
- **Weglänge:** 14 km
- **Gesamtdauer:** 4 h
- **Höhenunterschied:** 300 hm
- **Besonderheit:** Spannende Details aus der Stadtgeschichte

Die Maximilianszelle in Bischofshofen gilt als die erste Klostergründung auf Salzburger Boden außerhalb der Stadt Salzburg. Der Legende nach soll sie auf Rupert von Worms, den späteren Landespatron von Salzburg, zurückgehen. Was im Jahr 711 gegründet wurde, war von Anfang an einer wechselvollen Geschichte zwischen Zerstörung und Wiederaufbau unterworfen. 1403 kam schließlich das endgültige Aus, und aus dem Kloster wurde eine Kirche. Wie sehr Bischofshofen eine Stadt mit mehreren Gesichtern ist, fällt vor allem durch die drei in einer Sichtachse stehenden Kirchen auf. Verlängert man diese Linie weiter in nördliche Richtung, erhebt sich über dem Friedhof die Sprungschanze, die die kleine Stadt an der Salzach alljährlich am Dreikönigstag, wenn der Sieger der Vierschanzentournee gefeiert wird, in ein überdimensionales Festzelt verwandelt. Östlich der Schanze erhebt sich über dem Gainfeld-Wasserfall die Ruine Bachsfall, Stammsitz der Herren von Pongowe, deren Mauerreste Anfang der 1980er-Jahre freigelegt wurden. Die Grundfläche des Gevierts umfasst stattliche 1400 Quadratmeter. Ein weiterer Aspekt der Stadt ist ihre verkehrstechnisch günstige Lage. Sowohl die Route durch das Salzachtal als auch die Abzweigung durch das Fritztal sind Wege, die vor den Römern bereits die Kelten gegangen sind. Als die Zeit des Eisenbahnbaus angebrochen war, hatte Bischofshofen wiederum gute Karten. Am Knotenpunkt der Giselabahn, der heutigen Westbahn, und der Ennstalbahn hat sich rasch ein Handels- und Gewerbezentrum entwickelt, das 1900 mit der Verleihung des Marktrechts geehrt wurde. Genau 100 Jahre später wurde aus dem Markt eine Stadt, die sich auch zusehends ihrer historischen Rolle bewusst wird.

Den Ausgangspunkt unserer Stadtwanderung bildet die dem heiligen Maximilian geweihte Stadtpfarrkirche, die sich harmonisch in das Ensemble um Kastenturm, Pfarrhof und Rathaus einfügt. Harmonisch geht es auch im Inneren der 2010 und 2011 generalsanierten Kirche weiter. Unter dem romanischen Querhaus wurden Reste einer älteren Bausubstanz gefunden, was auf eine Krypta schließen lässt.

Wer nach dem Verlassen der Kirche den Blick nach Norden richtet, kommt ins Staunen und wird neugierig, denn in der Achse mit dem Turm der Maximilianskirche sind noch zwei weitere Kirchen zu sehen. Zuerst fällt der spitze, hohe Turm der Frauenkirche auf, die ihre Rolle als Pfarrkirche 1403 an die Maximilianskirche abgeben musste. Noch ein kleines Stück nördlicher und etwas weiter oben thront die Georgskirche, die älteste Kirche der Stadt, die heute als Friedhofskapelle

Verwendung findet. In der romanischen Apsis deuten Fragmente auf einen großflächig ausgeführten Freskenzyklus hin. Es darf davon ausgegangen werden, dass es sich bei der Georgskirche um die Hauskapelle der Herren von Pongowe handelt, deren Sitz oberhalb des Gainfeld-Wasserfalls liegt. Steht man wieder im Freien, traut man seinen Augen nicht, denn der Blick durch das Friedhofstor führt geradewegs zur Anlage der Paul-Ausserleitner-Schanze hinauf. Doch bevor die Fantasie allzu sehr ins Kraut schießt, gilt die Aufmerksamkeit dem von Karl Reisenbichler 1931 geschaffenen Denkmal für die Gefallenen und Vermissten des Ersten Weltkrieges. Der 1885 in Attersee geborene und 1962 in Großgmain verstorbene Maler war vor allem ab Ende der 1920er-Jahre für die plastische Wirkung seiner großen Friese, die in Sgrafitto-Manier und Mehrfarbigkeit ausgeführt wurden, bekannt. Der dem Monumentalen in der Endphase der Neuen Sachlichkeit zugetane Künstler schuf auch Friese für das Thalhammer-Haus am Rathausplatz und 1933 für das Druck- und Verlagshaus Kiesel in der Rainerstraße, das nach der Adaptierung als Bürohaus abgenommen wurde. Wie nahtlos der Übergang von der Neuen Sachlichkeit zu der durch den Faschismus geprägten Architektur und Kunst verlief, zeigt auch die Biografie Reisenbichlers, der ab 1939 einer der führenden Kunstfunktionäre im Reichsgau Salzburg war.

Vor dem Friedhof halten wir uns links und gehen zuerst in nordöstlicher und dann in nördlicher Richtung die Gaisberggasse bis kurz vor den Wasserfall hinauf, umrunden den Hügel in östlicher Richtung bis zur Burgruine und nehmen dann den Steig entlang des Wasserfalls nach unten. Etwa nach zwei Drittel der Strecke biegen wir links ab, umrunden den Auslauf der Schanze und gehen anschließend über den Mühlenweg zum Schanzentisch hinauf. Der Rückweg führt uns über den Mühlenweg nach unten, wo wir dann nach rechts abbiegen, den Gainfeldbach überqueren und über die Gaisberggasse bis zur Frauenkirche wandern. Wir spazieren über den umfriedeten Kirchhof und gehen durch das Südtor auf die Maximilianskirche zu.

45

Vom Arthurhaus zum Matrashaus

Audienz beim König

- **Tourcharakter:** Zweitagestour
- **Ausgangs- und Endpunkt:** Mühlbach am Hochkönig, Arthurhaus
- **Weglänge:** 18 km
- **Gesamtdauer:** 11 h
- **Höhenunterschied:** 1450 hm
- **Besonderheit:** Tour empfiehlt sich nur bei guter, stabiler Witterung

Ob die Wege zwischen den Almen auf dem 12 Quadratkilometer großen Hochplateau des Hochkönigs einst tatsächlich mit Käselaiben gepflastert und die Fugen mit Butter verschmiert waren, darf dahingestellt bleiben. Auch über das sündig-frivole Leben der Sennerinnen zum Ende der goldenen Alm-Existenz kann nur spekuliert werden. Und für Sagen und Märchen gilt fast immer der Spruch, wenn es schon nicht wahr ist, so ist es doch hübsch erzählt. Wirklich interessant ist dagegen die Frage nach den tatsächlichen klimatischen Veränderungen, die zur Gletscherbildung geführt haben könnten. In der Sage über die liederlichen Sennerinnen auf der Übergossenen Alm war es ein grässlicher Sturm, der aus schwarzen Wolken Mengen von Eis und Schnee wirbelte und die Almlandschaft unter sich begrub. Tatsächlich gehen Gletscherforscher davon aus, dass es im 9. und 10. Jahrhundert n.Chr. zu einer Erwärmung gekommen ist, die mit dem Beginn der sogenannten kleinen Eiszeit am Beginn des 15. Jahrhunderts endete. In der Klimaforschung wird in diesem Zusammenhang von einer natürlichen Klimaveränderung, hervorgerufen durch kurzfristige Schwankungen, gesprochen. Aktuell handelt es sich bei der Übergossenen Alm um einen spaltenlosen Plateaugletscher, dessen Ausdehnung innerhalb der vergangenen 120 Jahre um mehr als zwei Drittel zurückgegangen ist.

Der 2941 Meter hohe Hochkönig ist der höchste Gebirgsstock der Berchtesgadener Alpen, er steht zur Gänze auf Salzburger Boden, überragt alle Berge im Umkreis von gut 30 Kilometern und gilt mit einer Schartenhöhe von 2200 Meter als einer der geografisch prominentesten Berge der Alpen. Entsprechend anstrengend kann der Aufstieg sein. Dies vor allem dann, wenn die Kondition vielleicht etwas zu wünschen übrig lässt.

Tag 1

Wir starten unsere Zweitagestour auf dem Mitterbergsattel beim Arthurhaus auf 1500 Meter. Von diesem ersten Abschnitt, der auf einem relativ breiten Weg am Fuß der Mandlwände und durch Almwiesen hinauf zur Mitterfeldalm führt, sollte man keinesfalls auf den weiteren Verlauf der Tour schließen. So sanft geht es keinesfalls weiter. Kurz vor der Mitterfeldalm biegen wir links in den Weg Nr. 430 ein und umgehen in weitem Bogen die östlichen Ausläufer der Mandlwände. Geht es zuerst leicht bergab, beginnt anschließend der steile und steinige Anstieg durch das Untere Ochsenkar. Nach einer guten Stunde kommen wir über das Obere Ochsenkar zur imposanten und eindrucksvollen Torsäule, an der wir südlich in Richtung Schrammbachscharte vorbeigehen. Der Weg dahin ist sehr gut markiert, sodass man sich in der „Steinwüste" gar nicht verlaufen kann. Südlich der Scharte liegt der Kleine Bratschenkopf mit 2886 Meter. Wir gehen von der Scharte weiter westwärts und erreichen nach einem kurzen Abstieg die Übergossene Alm, oder was davon noch übrig ist. Auf dem etwa drei Kilometer langen Weg über Eis und Schnee ist das Matrashaus, das Ziel der Tagesetappe, stets in Sichtweite. Trügerisch, denn der Weg dahin dauert noch knappe zwei Stunden. Stangen markieren deutlich den Weg über den Gletscher, trotzdem sollte die Tour ausschließlich bei sehr guten Sichtverhältnissen gegangen werden. Am Ende der Übergossenen Alm geht es über einen gesicherten Steig hinauf zum Matrashaus, einer der höchstgelegenen Hütten in den Ostalpen. Namensstifter war Franz Eduard Matras, österreichischer Sportfunktionär und langjähriger Präsident des Österreichischen Touristenklubs, dem die Hütte gehört. Sie wurde nach einem Brand 1985 neu eröffnet.

Tag 2

Der Sonnenaufgang sollte keinesfalls versäumt werden, denn keine noch so ausgeklügelte Regie könnte die einzelnen Kämme, Spitzen und Grate besser ins Licht setzen als die aufgehende Sonne. Der Panoramablick reicht vom Toten Gebirge im Osten über das Glocknermassiv bis zur Zugspitze im Westen. Für den Abstieg wählen wir die Route des Aufstiegs.

46

Wanderung unter der Mandlwand

Zwischen Almen und schroffem Kalkstein

■ **Tourcharakter:** Tagestour
■ **Ausgangs- und Endpunkt:** Mühlbach am Hochkönig, Arthurhaus
■ **Weglänge:** 11 km
■ **Gesamtdauer:** 6 h
■ **Höhenunterschied:** 100 hm
■ **Besonderheit:** Entspanntes Wandern mit geringer Höhendifferenz

Der Mitterberg kann ohne Weiteres als Mühlbacher Schicksals-berg apostrophiert werden. Vor sage und schreibe 4000 Jahren wurde hier eine der ältesten Abbaustätten für Kupfererz geschaffen, wobei es den Knappen damals schon gelang, bis zu 120 Meter in den Berg vorzudringen. Wann und warum der Abbau eingestellt wurde, ist nicht dokumentiert. Um die zufällige Wiederentdeckung der Erzlagerstätte rankt sich eine Reihe von Legenden. Verbrieft ist, dass der k. u. k. Hüttenmeister Josef Zöttl aus Pillersee mit zwei Knappen den Maria-Hilf-Stollen vorangetrieben hat. Industriell aufgezogen wurde der Abbau, nachdem 1907 der Wiener Industrielle Arthur Krupp und die Wiener Creditanstalt die Mitterberger Kupfer AG gegründet hatten. In den Jahrzehnten des Wiederaufbaus nach dem Zweiten Weltkrieg hatte der Bergbau in Mühlbach seine beste Zeit, ehe es 1974 zum endgültigen Aus kam. Dokumentiert ist die Geschichte im Bergbaumuseum, das von Mai bis Oktober geöffnet ist und wo neben mineralogischen Exponaten auch Grubenloks und Hunte gezeigt werden. Anschließend empfiehlt sich ein Besuch im Schaustollen.

Das Anfang der 1930er-Jahre von Krupp gestiftete Arthurhaus am östlichen Rand der Mandlwand hat weniger Montangeschichte als vielmehr Tourismusgeschichte geschrieben und ist längst zu einer über die Landesgrenzen hinaus bekannten Institution geworden, schließlich ist es der Ausgangspunkt der Standard-tour auf den Hochkönig. Aber auch unsere Wanderung entlang der Mandlwand beginnt hier. Freilich kann man in der Wand auch höher hinaus, stellenweise sogar bis zu den Spitzen des Diadems, das dem Hochkönig an seiner südöstlichen Flanke ein fast feierliches Aussehen verleiht. Ihre Gipfel sind Köpfe, markante noch dazu, mit Namen wie Hochstellkopf, Kleiner Sattelkopf, Vierrinnenköpfe usw. Eine „verkopfte" Sache, alles in allem, mag man denken. Was uns aber nicht weiter schert, denn erstens sind die Köpfe stumme Kalksteine und zweitens wollen wir heute gar nicht so hoch hinaus.

Weil wir diese Wanderung voll auskosten wollen, starten wir morgens um sieben Uhr beim Arthurhaus auf dem Mitterbergsattel und gehen zuerst in einer guten Stunde auf dem Weg Nr. 436 in südöstlicher Richtung an den nördlichen Ausläufern des Mitterbergs entlang, bis wir bei der Riedingalm ankommen. Ein paar hundert Meter weiter überqueren wir den Riedingbach und anschließend geht es über eine kurze Strecke abwärts, ehe wir uns in östlicher Richtung den vier Hütten der Widdersbergalm nahern. Jetzt sind wir wieder fast auf derselben Höhe wie beim Ausgangspunkt am Arthurhaus. Nach einem relativ flachen Stück haben wir einen weiteren kurzen Aufstieg vor uns, um danach den Trockenbach zu queren und in einem weiten Bogen zur Stegmoosalm hinunterzuwandern. Bis wir schließlich an der Haltestelle an der Hochkönig Bundesstraße stehen, bedarf es noch eines knapp halbstündigen Abstiegs.

47

Im Mühlbacher Riedingtal

Zwischen Enzian und Gämsen

- **Tourcharakter:** Halbtagestour
- **Ausgangs- und Endpunkt:** Mandlwandstraße, Abzweigung Kopphütte
- **Weglänge:** 5 km
- **Gesamtdauer:** 3 h
- **Höhenunterschied:** 350 hm
- **Besonderheit:** Bergwelt mit intakter Fauna und Flora

Das Riedingtal erstreckt sich in nordwestlicher Richtung an den Südhängen des Hochkönig-Massivs. Hier mag sich Widerstand regen und der Einwand kommen, dass das Riedingtal als Naturpark im nordwestlichen Lungau und vom Massiv des Hochkönigs etwa 40 Kilometer Luftlinie entfernt liege. Alles korrekt, aber es gibt oberhalb von Mühlbach am Hochkönig ein zweites Riedingtal. Haben wir gewusst, werden jetzt all jene feixen, die sich für den Nordischen Skisport und insbesondere für das Skispringen in Österreich interessieren. Denn Sepp Bradl, der Skisprung-Champion vor und nach dem Zweiten Weltkrieg, war in Mühlbach zu Hause, führte dort mit seiner Frau Paula das

Rupertihaus und arbeitete nach Ende der aktiven Karriere als Trainer für den österreichischen Springernachwuchs. Er war es auch, der das Nordische Trainingszentrum im Riedingtal, das aus drei Naturschanzen mit 50, 70 und 90 Metern bestand, initiierte und dort bis zu seinem Tod im Alter von 64 Jahren Hausherr war. Nach dem Tod Bradls verlor auch das Trainingszentrum seine Funktion. In Mühlbach am Hochkönig erinnert ein Denkmal an jenen Skiflieger, der als Erster die 100-Meter-Marke übersprang. Wie gesagt, das Pongauer Riedingtal erstreckt sich oberhalb von Mühlbach in nordwestlicher Richtung auf die Südabhänge des Hochkönig-Massivs zu.

Wir beginnen mit unserer Wanderung beim Parkplatz in der Nähe der Kopphütte, die von der Mandlwandstraße aus erreichbar ist. Wie imposant die Landschaft um den Hochkönig ist, wird schon auf der Anfahrt über die B 164 von Bischofshofen nach Mühlbach am Hochkönig und weiter über die Mandlwandstraße deutlich. Die 75 Kilometer lange Hochkönigstraße führt von Bischofshofen über Mühlbach nach Dienten und somit in den Pinzgau, von dort weiter über Maria Alm, Saalfelden und Leogang bis zum Grießenpass an der salzburgisch-tirolerischen Grenze und verbindet damit wichtige ehemalige Bergbaureviere. Wir folgen der gelben Beschilderung zur Riedingalm und kommen zuerst an einigen Ferienhäusern und der Lettenalm vorbei, ehe der Weg in weiten Bögen bis zur Riedingalm führt, die auf einer Höhe von 1370 Meter liegt. Bei der Alm halten wir uns links und gehen unter den Felswänden in westlicher Richtung, bis wir zu einem Bach kommen, dem wir bis zum Ursprung – mehrere kleine Wasserfälle – folgen. Nach einem erfrischenden „Bad" begleiten wir zuerst den Bach bis zu der Stelle, an der wir abgebogen sind. Danach folgen wir dem Steig mit der Markierung Nr. 6 in Richtung Ausgangspunkt beim Parkplatz. Die nachmittägliche Tour eignet sich für die gesamte Familie und bietet trotzdem eine Fülle von Eindrücken, die eine alpine Wanderung auszeichnen. Das beginnt beim spannenden Blick auf das Massiv des Hochkönigs, geht über Enzian und sonstige Bergblumen bis zu den Gämsen, die aufmerksame Beobachter in den Felswänden über den Wasserfällen beobachten können.

48

Festung und Renaissancepalast

Werfen – ein stolzer, alter Markt

- **Tourcharakter:** Halbtagesausflug
- **Ausgangs- und Endpunkt:** Marktplatz in Werfen
- **Weglänge:** 5 km
- **Gesamtdauer:** 3,5 h
- **Höhenunterschied:** 150 hm
- **Besonderheit:** Flugvorführungen mit Falken im Burghof

Werfen war ein strategisch höchst bedeutender Ort, was durch den Bau der Festungsanlage, deren Ursprünge auf das 11. Jahrhundert zurückgehen, augenscheinlich unter Beweis gestellt wurde. Entsprechend früh, Ende des 12. Jahrhunderts, hat der Ort auch das Marktrecht erlangt. Diese lange Tradition findet in den Fassaden der stolzen und behäbigen

Bürgerhäuser, die den Marktplatz auf beiden Seiten säumen, einen beredten Ausdruck. Ziemlich in der Mitte des nord-südlich ausgerichteten Platzes, der vor dem Bau der Umfahrung identisch mit der Durchgangsstraße war, stehen sich zwei markante Gebäude gegenüber, die schon durch ihr Äußeres auffallen. Auf der östlichen Seite handelt es sich um das ehemalige Gerichtsgebäude, in dem heute das Museum untergebracht ist. Vis à vis steht der Brennhof, ein mächtiger Bau, der durch die Arkadengänge im Innenhof sehr an ein Gebäude aus der Zeit der Renaissance erinnert. Namensgeber des Gebäudes war der Werfener Bürger Wolfgang Brenner. Dieser verkaufte den Hof an Fürsterzbischof Michael von Kuenburg. Seine heutige Form erhielt der für die Gegend des Innergebirgs untypische Bau durch Kuenburgs Nachfolger Johann Jakob Khuen von Belasy. Dieser Fürsterzbischof hatte sich nicht nur für eine Verbesserung der Verkehrsinfrastruktur durch das Salzach- und Ennstal verdient gemacht, sondern auch die Festung Hohenwerfen für den Kampf gegen die unterdrückten Bauern ausgebaut.

Um einen besonders guten Eindruck von der Anlage des Brennhofs zu bekommen, beginnen wir mit einem kurzen und leichten Anstieg bei der Abzweigung der Postgasse vom Markt neben der Kirche. Bei der ersten Abzweigung halten wir uns rechts und anschließend ein paar hundert Meter in nördlicher Richtung. Linker Hand kommen wir an einem ehemaligen Kloster vorbei, während wir rechts bereits in den Innenhof schauen können. Auf einer überdachten Holzstiege führt uns der Weg wieder auf den Markt zurück, von wo wir schließlich in das Hofinnere kommen und uns kurz in Italien wähnen. Wir verlassen den Hof durch eine gläserne Schiebetüre und übersehen beim Ausgang nicht die Tafel, die an den in Werfen geborenen Münchner Filmpionier August Arnold (1898–1982) erinnert. Am Museum erinnert uns eine Marmortafel an Ferdinand Sauter, der hier als Sohn des Pflegers am 6. Mai 1804 geboren wurde. Der 1854 in Wien an der Cholera verstorbene Sauter war ein literarischer Bohèmien zur Zeit des Vormärz in Wien und mit Nikolaus Lenau und Adalbert Stifter ebenso bekannt wie mit Franz Grillparzer und Ferdinand Raimund.

Anschließend spazieren wir auf dem Markt in nördlicher Richtung, gehen nach Verlassen des Ortes einige hundert Meter an der Bundesstraße entlang, überqueren diese und kommen zum Besucherzentrum der Festung, wo die Entscheidung zu treffen ist, ob wir den Lift oder den Weg hinauf in den Burghof nehmen. Da die Innenräume der Festung bei einem Brand zerstört wurden, steht neben der Falknerei und der umfangreichen Ausstellung historischer Waffen vor allem die „Burgahnl" im Zentrum des Interesses. Dabei handelt es sich um jene über vier Tonnen schwere Glocke, die seit 1568 alle Kriege überstanden hat und an hohen Festtagen auch heute noch geläutet wird. Selbst wenn der Aufstieg über steile Treppen etwas beschwerlich sein mag, die Mühe lohnt sich in jedem Fall. Allein schon der Blick von den Zinnen über das Salzachtal belohnt mehrfach dafür. Auch das Uhrwerk im Turm, das aus dem frühen 18. Jahrhundert stammt und den Brand überstanden hat, ist ein Kuriosum.

49

Zur Eisriesenwelt hinauf und hinein

Der Aufstieg ist so spektakulär wie das Innere

- **Tourcharakter:** Halbtagestour
- **Ausgangs- und Endpunkt:** Besucherparkplatz
- **Weglänge:** 6 km
- **Gesamtdauer:** 4 h
- **Höhenunterschied:** 700 hm
- **Besonderheit:** Auch im Sommer herrschen Temperaturen um 0 Grad

Bis über 40 Kilometer tief in das Innere des Tennengebirges reicht die Höhle, die heute allgemein als Eisriesenwelt bekannt ist. Ihr Eingang auf einer Höhe von 1640 Meter wurde Ende 1879 am Hochkogel entdeckt, und zwar vom Alpinisten und Höhlenforscher Anton von Posselt-Czorich (1854–1911), dem es auf Anhieb gelang, etwa 200 Meter in die Höhle vorzudringen. Obwohl er im November desselben Jahres in der Monatsversammlung des Deutschen und Österreichischen Alpenvereins von seiner Entdeckung berichtete, geriet sie bald darauf in Vergessenheit. Alexander von Mörk (1887–1914), der als einer der Begründer der Salzburger Höhlenforschung gilt, ist es schließlich zu verdanken, dass die Bedeutung von Posselts Entdeckung zu Beginn des 20. Jahrhunderts doch noch erkannt wurde. In einem nach ihm benannten Abschnitt des einen Kilometer langen, für die Öffentlichkeit erschlossenen Weges steht auch die Urne des zu Beginn des Ersten Weltkriegs gefallenen Höhlenkundlers, dessen Letzter Wille damit erfüllt wurde.

Da die Entdeckung der Berge um diese Zeit Hochkonjunktur hatte, dauerte es nicht lange, bis die Höhle auch für Hobby-Alpinisten erschlossen wurde. Von Werfen und Tenneck wurde jeweils ein Steig zum Eingang hinauf angelegt und schließlich auch das Friedrich-Oedl-Schutzhaus errichtet. Seit dem Bau der Seilbahn ist die Eisriesenwelt auch für wenig bergerprobte Besucher erreichbar.

Worin liegt nun das Besondere dieser etwa 1000 Jahre alten und weit verzweigten Höhle? In der Fachterminologie ist von einer dynamischen Höhle die Rede, deren Wärme- und Energiehaushalt aber bis heute noch nicht restlos geklärt ist. Durch einen sogenannten Kamineffekt werden im Winter kalte Luftmassen angezogen und die Kälte wird im Gestein gespeichert. Im Frühling, wenn die Schneeschmelze einsetzt und Wasser in die Höhle sickert, kommt es zur Eisbildung. Dynamisch wird die Höhle auch deshalb genannt, weil ein Teil der Eismassen während des Sommers schmilzt, im Frühjahr aber stets eine etwas größere Masse nachwächst. Mit welch einer Kraft der Wind in die Höhle bläst, können die Besucher hautnah erleben, wenn zu Beginn der Führung das Tor zum Eingang der Höhle geöffnet wird. Es wurde angebracht, um in der warmen Jahreszeit die Zufuhr an warmer Luft zu drosseln.

Beide Varianten, sowohl die Auffahrt mit der Seilbahn als auch die Wanderung über den Steig, starten beim Besucherzentrum, das von Werfen aus über eine gut ausgebaute Straße zu erreichen ist. Vom Besucherzentrum führt ein 20-minütiger Gehweg zur Talstation der Seilbahn. Hinter der Wimmer-Hütte, die neben der Talstation steht, beginnt der Steig, der teilweise etwas mühsam zu bewältigen ist und absolute Schwindelfreiheit erfordert. Während des etwa 1,5-stündigen Aufstiegs genießen wir die grandiose Aussicht: oben die schroffen Wände des Hagengebirges, südwestlich davon der Hochkönig und unten das Salzachtal. Vom Oedl-Haus bis zum Eingang der Höhle sind es noch einmal etwa 20 Minuten. In der Höhle selbst geht es über Stiegen und Steige und vor allem über zahllose Stufen durch die verschiedenen Hallen und Dome. Auch wer sich für die Seilbahn entscheidet, sollte an festes Schuhwerk denken sowie an eine warme Jacke und vielleicht an eine Kopfbedeckung, denn die Temperatur bleibt selbst im Sommer unter 0 Grad Celsius. Den Abstieg ersparen wir uns und nehmen dafür die Seilbahn.

Wanderung zur Ostpreußenhütte

Und immer lockt der Hochkönig

■ **Tourcharakter:** Tagestour
■ **Ausgangs- und Endpunkt:** Werfen, Marktplatz
■ **Weglänge:** 13 km
■ **Gesamtdauer:** 7 h
■ **Höhenunterschied:** 1000 hm
■ **Besonderheit:** Beliebte Wanderung für Jung und Alt

Die Ostpreußenhütte am Fuß des Hochkönigs zählt zu den beliebtesten Ausflugszielen im Pongau – und zwar für Groß und Klein. Wer mit dem Auto bis zur Dielalm fährt, die auf gut 1000 Metern liegt, hat bis zur Ostpreußenhütte kaum mehr als 600 Höhenmeter zu überwinden, was sich auch mit Kindern und bei nicht ganz so guter Kondition in etwa 2 Stunden leicht machen lässt. Der Name verrät es schon, die Hütte wurde 1928 von der Sektion Ostpreußen des Deutschen Alpenvereins – sie hat ihren heutigen Sitz in München – gebaut. Errichtet wurde sie zum Gedenken an die sogenannten Salzburger Exulanten, womit die 20 000 Protestanten gemeint sind, die Fürsterzbischof Firmian 1731/32 des Landes verwiesen hatte. Von diesen fanden etwa 10 000 in Ostpreußen eine neue Heimat und in der Person des preußischen Königs Friedrich Wilhelm II. einen neuen Schutzherrn.

Wir entscheiden uns heute für die längere Variante mit dem Ausgangspunkt am Marktplatz in Werfen. Hinter der Pfarrkirche beginnt der Wanderweg mit der Nummer 6, der an einigen Häusern vorbei eher steil bis zum Gschwandgut und weiter zur Dielalm hinaufführt. Dort angelangt haben wir dann immerhin schon über 500 Höhenmeter hinter uns. Nach der Dielalm geht es eher moderat über den Haidbergriedl hinauf. Nach etwa einer Stunde kommen wir beim Schwarzkogel, kurz nach dem Goldbründl, zu einer Weggabelung. Dieser schenken wir jetzt aber noch keine Beachtung, sondern bleiben auf unserem Weg, auf dem wir durch eine Bilderbuch-Almlandschaft leicht bergauf wandern. Im deutlichen Kontrast dazu stehen die schroffen Wände des Hochkönig-Massivs, die uns magnetisch anzuziehen scheinen. Bei der Blühnteckalm kommen wir an der Weggabelung vorbei, wo ein Ast in das Blühnbachtal führt. Nach einer weiteren halben Stunde ist schließlich die Ostpreußenhütte auf 1630 Meter erreicht. Ein beliebter und kurzer, aber steiler Abstecher ist der Steig über den Rettenbachriedel auf das Gamskögerl.

Der Rückweg entspricht bis zur vorhin bereits erwähnten Weggabelung beim Schwarzkogel dem Aufstieg. Jetzt nehmen wir die rechte Abzweigung, kommen dabei auf dem Weg Nr. 60 an der Sonneckhütte vorbei und steigen kurz danach ziemlich direkt, was auch steil bedeutet, zur Dielalm ab. Von da führt uns der Weg Nr. 6 wieder nach Werfen und auf den Marktplatz zurück.

51

Unterwegs im Blühnbachtal

Ein fast verwunschenes Schloss

- **Tourcharakter:** Halbtageswanderung
- **Ausgangs- und Endpunkt:** Tenneck, Parkplatz Blühnbachtal
- **Weglänge:** 9 km
- **Gesamtdauer:** 4 h
- **Höhenunterschied:** 250 hm
- **Besonderheit:** Wanderung zwischen Hochkönig und Hagengebirge

Die Fürsterzbischöfe Wolf Dietrich von Raitenau und Paris Graf Lodron, die einflussreichsten Adelshäuser, der Thronfolger Franz Ferdinand, die deutsche Industriellenfamilie Krupp von Bohlen und Halbach und schließlich der US-amerikanische Millionär, Sammler und Kunstmäzen Frederick R. Koch – schillernder und illustrer könnte keine Liste der Bewohner und Besitzer eines Schlosses sein. Blühnbach ist das Märchenschloss, das es wirklich gibt. Am Ende des Talbodens steht es – für Wanderer leider nur durch die Gitterstäbe eines mächtigen Eisentores zu erspähen. Der landschaftliche Reiz des Blühnbachtals begründet sich in seiner Grenzlage zwischen Hochkönig und Hagengebirge, das seit alters her ein begehrtes Jagdgebiet ist. Angeblich soll schon Erzbischof Hartwig im Tal auf der Jagd gewesen sein. Die Legende erzählt, dass ein dürrer Zweig in seiner Hand zu blühen begonnen haben soll. Der Name des Tals soll auf dieser Begebenheit beruhen. Historisch gesichert ist eine erste urkundliche Erwähnung, die auf das Jahr 1431 zurückgeht, und der Hinweis, dass das „herrenhaus im pluenbach" während des Bauernkrieges 1525/26 verwüstet, anschließend aber wiederhergestellt wurde. Was ursprünglich ein hölzernes Jagdhaus war, ließ Wolf Dietrich von Raitenau, der der Jagd gar nicht so zugetan war, zwischen 1603 und 1607 zu einem gemauerten Jagdschloss ausbauen, in dem später vor allem sein Nachfolger Paris Lodron in großartiger, barocker Manier zur Jagd blasen ließ. Um der extensiven Jagdleidenschaft frönen zu können, wurden umfassende Rotwildgehege angelegt, die den wenigen noch verbliebenen landwirtschaftlichen Nutzflächen und dem Wald großen Schaden zufügten. Klagen der Bauern sind bereits aus der Zeit des Bauernaufstandes von 1462 belegt. Abhilfe wurde erst 1865 geschaffen, als der heute noch intakte Rotwildzaun quer durch das Tal errichtet wurde, um den Wildwechsel ins Tal zu unterbinden.

1816 wurde das riesige Anwesen dem Ärar zugeschlagen, jenem staatlichen Eigentum, das vom Kaiserhaus genutzt und verwaltet und von der Ersten Republik übernommen wurde. 1842 wurden Schloss und Jagd von der Adeligen Jagdgesellschaft gepachtet, der der gesamte Hochadel in der österreichischen Monarchie angehörte. Als sie eines Tages den notorischen Jagdnarren Thronfolger Erzherzog Franz Ferdinand zur Jagd nach Blühnbach einluden, hatte dieser sofort Feuer gefangen und alles daran gesetzt, dass der Pachtvertrag aufgelöst, der Besitz durch Tauschgeschäfte in den Habsburgischen Familienfonds kam und ihm zur alleinigen Nutzung zur Verfügung stand. 1908 war es schließlich so weit. Das Tal wurde durch eine zweite Straße (die obere) erschlossen, gleichzeitig aber hermetisch abgeriegelt, was zu heftigen Protesten in der Bevölkerung führte, welche jedoch an den Absperrungen ungehört abprallten. Nach dem tödlich verlaufenen Attentat am Thronfolger und seiner Frau, der Gräfin Hohenberg, verkaufte Kaiser Franz Joseph I. den Besitz an die deutsche Stahldynastie Krupp. Als der Zweite Weltkrieg zu Ende war, wurde Gustav Krupp von Bohlen und Halbach von den US-amerikanischen Besatzungstruppen im Schloss aufgegriffen. Gemeinsam mit seiner Frau Berta wurde er – damals schon schwer krank – in das benachbarte Bauernhaus ausquartiert. Wegen der bereits weit fortgeschrittenen „senilen Gehirnerweichung" wurde ihm zwar die Anklageschrift des alliierten Kriegsverbrechertribunals aufs Krankenbett gelegt, aber er musste sich nicht mehr vor Gericht verantworten. Nach dem Abzug der Amerikaner erhielt die Familie 1956 den Besitz zurück und so kam Blühnbach in den Besitz des letzten Krupp, der keiner mehr war. Arndt von Bohlen und Halbach heiratete 1969 in der vom Thronfolger neugotisch gestalteten Schlosskapelle und wurde nach seinem Tod 1986 in der Gruft bestattet. Der Grundbesitz wurde bereits 1973 verkauft und das Schloss kam im Zuge des Verlassenschaftskonkurses in die Hände Frederick R. Kochs, eines US-amerikanischen Millionärs, Sammlers und Kunstmäzens.

Wir starten mit der Wanderung in Tenneck, einer kleinen Ortschaft, die zur Marktgemeinde Werfen gehört. Nachdem wir mit dem Auto von der Bundesstraße abgebogen sind, kommt 100 Meter weiter auf der linken Seite der Parkplatz, von dem wir in westlicher Richtung taleinwärts wandern. Vorbei an Wohnhäusern geht es leicht bergauf und nach knapp 30 Minuten gelangen wir zu einer Weggabelung, bei der die untere Blühnbachtalstraße links abzweigt und die obere rechts. Wir wählen für den Weg in Richtung Schloss die obere Straße und kommen auf der leicht ansteigenden Strecke am ehemaligen Gestüt, an hübschen Bauernhäusern, nach etwa einer Stunde beim Maxlehen und weiter bei Stallungen sowie dem Forst- und Jägerhaus vorbei. Die zu Beginn des 20. Jahrhunderts im Auftrag des Thronfolgers erbauten Häuser und Anwesen wirken heute ein wenig wie verlassene Filmkulissen. Über allem hängt der Hauch des Einstigen. Vom Jägerhaus bis zum Schlosstor sind es schließlich nur noch ein paar Minuten. Kurz vor dem großen Tor führt links der Weg zur unteren Blühnbachtalstraße. Entlang des Blühnbaches geht es talauswärts, wo wir ein kleines Kraftwerk passieren.

Pfarrwerfen

Das Gebirge setzt die Krone auf

- **Tourcharakter:** Halbtagestour
- **Ausgangs- und Endpunkt:** Pfarrwerfen, Ortszentrum
- **Weglänge:** 12 km
- **Gesamtdauer:** 4 h
- **Höhenunterschied:** 400 hm
- **Besonderheit:** Neben Hagen- und Tennengebirge blitzt der Hochkönig

St. Cyriak – so hat Pfarrwerfen bis in die Mitte des 19. Jahrhunderts geheißen – ist die älteste der drei Siedlungen, die den Namen Werfen tragen. Und als Sitz der Mutterpfarre des nördlichen Pongaus hatte der Ort auch eine entsprechende Bedeutung, die sich durch den großen, basilikaartigen Kirchenbau, dessen erste urkundliche Erwähnung aus dem Jahr 1074 stammt, deutlich manifestiert. Von ihr aus wurden die Pfarren Werfen, Werfenweng und Hüttau gegründet. Auch heute gibt es zwischen den Gemeinden Pfarrwerfen, Werfen und Werfenweng wieder einen Pfarrverband. Als die Zeit begann, in denen sich die Vorteile von Orten direkt an einer Durchzugsstraße in Nachteile verwandelten, geriet auch Pfarrwerfen etwas ins Abseits. Es bekam den Stempel eines Durchzugsorts, noch dazu liegt es, anders als Werfen, direkt im Tal. Über dem Ort die Tauernautobahn, daneben Bundesstraße, Eisenbahntrasse und Salzach – da muss sich ein Ort schon festhalten, um nicht ins Rutschen zu kommen. Aber der Blick hinauf dient als Sicherungshaken, denn das Hagengebirge auf der einen und das Tennengebirge auf der anderen Seite krönen den Ort, und dazwischen blitzt auch noch der Hochkönig hervor. Das wiederum gibt Stabilität und entschädigt in vielfacher Hinsicht.

Vom Parkplatz am Petra-Kronberger-Platz an der alten Werfenwenger Landesstraße gehen wir ein paar Schritte zur Pfarrkirche hinauf. Dabei fällt nicht nur der stattliche Bau auf, sondern auch der Wehrgang, der die Kirche mit dem Pfarrhaus verbindet. Nach dem Verlassen des Friedhofs in südlicher Richtung kommen wir rechts am Denkmal für Peter Sieberer vorbei, der als Bauern- und Schützenhauptmann während der Freiheitskämpfe am Pass Lueg Joseph Struber zugeteilt war. Wir gehen ein paar hundert Meter auf der Alten Landesstraße und hören schon bald das Rauschen eines Baches. Es ist der Mühlbach, an dem das Museum „Freilichterlebnis 7 Mühlen" zu besichtigen ist. Das Anfang des 21. Jahrhunderts renovierte und unter Denkmalschutz stehende Ensemble aus insgesamt sechs ehemaligen Gemachmühlen ist in jedem Fall einen Besuch wert. Der Bach rauscht und das Wasser sprudelt über die Mühlräder. Auf dem Rundgang erfährt der Besucher einiges über die

Geschichte und Technik der Mühlen und des Getreideanbaus. Im Gegensatz zur Mautmühle, in der der Bauer für das Mahlen des Getreides zahlen musste, wurde eine Gemachmühle von einem oder mehreren Bauern zur Deckung des eigenen Bedarfs betrieben. Das Wort „Gemach" leitet sich in diesem Fall von Abmachung bzw. Vereinbarung oder Gesetz ab.

Mit dem Rauschen des Mühlbachs im Ohr machen wir uns auf den Weg, das Tal zu queren und während einer kurzen Wanderung durch den Höllngraben den Blick aufs Tennengebirge zu genießen. Wir wandern Richtung Ortszentrum zurück, um nach gut 100 Metern zwischen zwei Häusern nach links abzubiegen, gehen unter der Eisenbahn hindurch und überqueren anschließend den Steg über die Salzach. Wir kreuzen die Bundesstraße, wandern ein kurzes Stück in nördlicher Richtung und biegen dann in eine kleine Straße ab. Dieser folgen wir, bis wir nach der nächsten Kreuzung zu einer Wegverzweigung kommen. Von diesem Steig biegen wir anschließend links in eine Fahrstraße, die durch den Höllngraben führt. Bei der nächsten Weggabelung halten wir uns rechts und gehen oberhalb der Fahrstraße in nördlicher Richtung, den Blick in Richtung Tennengebirge gerichtet, zurück. Etwa nach der Hälfte des Weges erreichen wir einen Steig, der zur Fahrstraße zurückführt und setzen unseren Rückweg auf dem Herweg fort, womit wir zum Ausgangspunkt in Pfarrwerfen zurückkehren.

53

Zistelberg und Wengerau

Auch ein „Tanzboden" ist dabei

- **Tourcharakter:** Ausgedehnte Halbtagestour
- **Ausgangs- und Endpunkt:** Werfenweng, Dorfplatz
- **Weglänge:** 14 km
- **Gesamtdauer:** 5,5 h
- **Höhenunterschied:** 700 hm
- **Besonderheit:** Zwischen Hochtal und Hochgebirge

Werfenweng hat, was die Lage betrifft, von den drei Orten Werfen, Pfarrwerfen und Werfenweng die Trumpfkarte gezogen, was freilich nicht immer so war, denn das Dorf im Abseits wollte erst einmal erreicht werden. Heute ist aus dem Standortnachteil längst ein Vorteil geworden, denn alles, was abseits der Massenströme liegt, ist begehrt. Und Werfenweng setzt noch eins obendrauf und zeigt dem Individualverkehr die rote Karte. Realistisch formuliert, möchte man in Werfenweng das Auto erst gar nicht ins Dorf lassen und lässt sich dafür eine ganze Reine von „Ersatzleistungen" einfallen, die alle unter das

Stichwort „Sanfte Mobilität" fallen. So reist man zum Wandern am Rand des Tennengebirges am besten mit dem Zug an und lässt sich die 350 Höhenmeter bis ins Dorf mit dem Taxibus hinaufchauffieren. Ein idealer Einstieg zum Wandern.

Ausgangspunkt dieser Tour ist der Dorfplatz in Werfen, von dem wir auf der Wengerauer Straße in nordöstlicher Richtung zum Talschluss Wengerau gehen. Dort halten wir uns hinter dem Parkplatz links und wandern gemächlich taleinwärts. Nach etwa 500 Metern zweigt links ein Fußweg ab, auf dem es dann über Serpentinen recht steil aufwärts geht. Streckenweise kann der Boden sehr morastig sein. Beim Hochmoor angelangt, wandern wir auf einem kurzen Weg weiter zur Elmaualm auf 1513 Meter hinauf. Danach scheiden sich die Geister. Die einen nehmen die Route Nr. 32 b hinauf zur Werfener Hütte und weiter zur Hochgebirgsgrunde, während wir über den Tanzboden, nein, nicht beschwingt im Zweivierteltakt, schreiten, sondern eher die Atmosphäre des mit Lärchen und Fichten bewaldeten Almbodens genießen. Der Fußweg durch den Wald mündet schließlich in einen Forstweg, ist stellenweise eher steinig und bringt uns zur Mahdegg-Alm, wo wir uns die regionalen Schmankerl schmecken lassen. Gestärkt verlassen wir den Forstweg und biegen links in einen Fußweg mit der Nr. 32 f ein, auf dem es abschnittweise durchaus steil abwärts geht, bis man nach einer scharfen Linkskurve schließlich den Samerhof, einen ehemaligen Gasthof, erreicht, von wo der Güterweg über Lampersbach zurück nach Werfenweng führt.

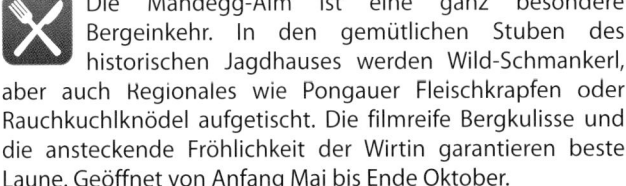 Die Mahdegg-Alm ist eine ganz besondere Bergeinkehr. In den gemütlichen Stuben des historischen Jagdhauses werden Wild-Schmankerl, aber auch Regionales wie Pongauer Fleischkrapfen oder Rauchkuchlknödel aufgetischt. Die filmreife Bergkulisse und die ansteckende Fröhlichkeit der Wirtin garantieren beste Laune. Geöffnet von Anfang Mai bis Ende Oktober.

Mahdegg-Alm, Maier 15, 5452 Pfarrwerfen, Tel. 06468/7110, info@mahdegg-alm.at, www.mahdegg-alm.at

54

Hinauf zur Werfener Hütte

Einstieg in die Oberwelt

- **Tourcharakter:** Ausgedehnte Halbtagestour
- **Ausgangs- und Endpunkt:** Werfenweng, Dorfplatz
- **Weglänge:** 20 km
- **Gesamtdauer:** 6,5 h
- **Höhenunterschied:** 1150 hm
- **Besonderheit:** Grandioses Panorama auf 2000 Meter

Das Tennengebirge gehört wie das auf der linken Salzachseite liegende Hagengebirge zu den Nördlichen Kalkalpen. Beide Gebirgsstöcke stehen zur Gänze auf Salzburger Boden und weisen eine ähnliche Struktur auf. Das Tennengebirge umfasst auf dem Plateau eine Fläche von etwa 60 Quadratkilometern und steht seit 1982 unter Naturschutz. Weil die Gesteinslage unterhalb der Kalkschicht aus wasserundurchlässigem Dolomit besteht, gibt es auf etwa 1600 Meter ausreichend Wasser für die Almböden, die einen interessanten Kontrast zum schroffen Gestein bilden. Wanderungen in der Umgebung von Werfenweng bekommen so fast einen meditativen Charakter und sind deshalb von besonderem Erholungswert.

Der Weg von Werfenweng bis zur Elmaualm führt von der Wengerau über Serpentinen und am Hochmoor vorbei hinauf (siehe Wanderung 53). Dort, wo sich die Geister scheiden und die einen über den Tanzboden verschwinden, wählen die anderen die Mühen der Höhen. Inwieweit diese sich von denen der Ebene unterscheiden, kann wohl erst nach der Tour beschrieben werden. Kurz nach der Elmaualm biegen wir rechts ab und überwinden auf steilen Serpentinen einen mit Steinen übersäten Weidehang. Wie steinig der Werfener Hochthron samt Konsorten wirklich ist, bestätigt ein Blick nach oben. Schroff und biestig präsentiert sich der Dolomit. Bei der Werfener Hütte angekommen, haben wir fast die 2000-Meter-Marke erreicht. Der Ausblick ins Salzachtal und weiter zu den Hohen Tauern sowie zum Hochkönig und dem auf der anderen Salzachseite aufsteigenden Hagengebirge ist, was das Panorama angeht, entsprechend exklusiv. Wir genießen dieses Panorama von der Terrasse der Werfener Hütte aus. Von ihr ist es anschließend noch eine knappe Viertelstunde zu gehen, ehe sich ein weiteres Mal die Gemüter scheiden. Wir grüßen den Hochthron und das Kleine Fieberhorn, lassen die einen in die Welt der Stahlseile eintreten und gehen ab hier durch ein Schuttkar wieder bergab, das auf einem neu angelegten Weg durch ein Latschenfeld führt, die Festung Hohenwerfen immer vor Augen. Irgendwann wird das Latschenfeld durch einen Mischwald mit Lärchenbestand abgelöst. Bei der nächsten Kreuzung halten wir uns an die Hinweisschilder zur Mahdegg-Alm, die nach rund 30 Minuten erreicht ist. Danach verlassen wir den Forstweg, folgen einem Steig steil abwärts zum Samerhof und anschließend einem Güterweg nach Werfenweng zurück. Dabei blicken wir nochmals zurück zur Werfener Hütte und zum Einstieg in die hochalpine Welt des Tennengebirges.

 Die Werfener Hütte zählt zu den am schönsten gelegenen Hütten im Salzburger Land. Herrlicher Rundblick vom Dachstein über Niedere und Hohe Tauern bis zum Großglockner und zum Hochkönig. Laufend Veranstaltungen: Sonnwendfeiern, Berglauf, Kinderfest, Lama-Touren. Geöffnet von Anfang Mai bis Ende Oktober.

Werfener Hütte, Lampersbach 11, 5453 Werfenweng, Tel. 0664/9864828, werfenerhuette@yahoo.com, www.werfenerhuette.com

Werfenwenger Almlehrpfad

Die Renaissance der einsamen Arbeitsplätze

- **Tourcharakter:** Tagestour
- **Ausgangs- und Endpunkt:** Werfenweng, Dorfplatz
- **Weglänge:** 16 km
- **Gesamtdauer:** 6 h
- **Höhenunterschied:** 900 hm
- **Besonderheit:** Anschauungsunterricht in Sachen Natur

Qualität statt Quantität, die Sehnsucht nach mehr Ruhe und weniger Hektik, was mit dem Wort „Entschleunigung" etikettiert wurde, der Wunsch nach qualitätsbewussten Nahrungsmitteln und Zubereitungen und ein behutsamer Umgang mit der Umwelt und den in ihr vorkommenden Ressourcen – all diese Sehnsüchte, Wünsche und Hoffnungen verbinden die Menschen mit der Alm. Tatsächlich ist sie trotz aller Klischees als ein Ort wahrzunehmen, an dem sich die Geschwindigkeit von selbst reduziert und wo mit der Umwelt und mit den Ressourcen der Natur behutsam umgegangen werden muss.

Almen sind Orte, wo die Sehnsucht der hyperzivilisierten Gesellschaft des frühen 21. Jahrhunderts nach ganzheitlichem Leben im Einklang mit der Natur und mit Rücksicht auf die Umwelt zumindest für die Aufenthaltsdauer einer Jause Erfüllung zu finden scheint. Almen haben aber neben ihrer landwirtschaftlichen und touristischen Bestimmung auch noch die Funktion, das ökologische Gleichgewicht in den alpinen Regionen zu bewahren und die über mehr als ein Jahrtausend entwickelte Tradition der gemischten Nutzung weiter aufrechtzuerhalten und zu pflegen. Die Almwirtschaft in Werfenweng reicht bis in die Anfänge der Besiedelung zurück. Wie sie sich entwickelt hat und welchen Herausforderungen sie heute gegenübersteht, erfährt der interessierte Wanderer auf einem groß angelegten Almlehrpfad, der 15 Stationen umfasst und eine Reihe von Phänomenen und Mechanismen beschreibt – etwa wie die Almwirtschaft in die alpine Landschaft eingreift, was zukünftig von ihr erwartet wird und welchen Herausforderungen sie sich stellen muss. Darüber hinaus erhält man umfassende Informationen zum geologischen Aufbau des südöstlichen Tennengebirges und der vielfältigen Flora in dieser Region.

Wir starten in Werfenweng, von wo aus wir bis zum Parkplatz Wengerau gehen. Dort beginnt rechter Hand der Wanderweg Nr. 201, gleichzeitig auch Europa-Wanderweg Nr. 4. Für geologisch Interessierte sei auf den besonderen Gesteinsaufbau des südöstlichen Tennengebirges hingewiesen, der sich in der Struktur der Wände widerspiegelt. Während sich die oberste Gebirgsschicht eher glatt präsentiert, zeigt sich die darunterliegende rau und schroff. Die obere Schicht besteht aus Dachsteinkalk, der verkarstet, durch Wasser gelöst wird und eine fast glatte Oberflächenstruktur aufweist. Im Kontrast dazu zeigt die aus Dolomit bestehende untere Schicht ein durchaus schroffes Gesicht. Während wir leicht ansteigend an einem Hang entlanggehen, fallen mächtige Gesteinsbrocken auf, die nach dem Rückzug der großen Gletscher am Ende der Eiszeit durch Bergstürze an ihre jetzige Position gelangt sind. Zur intensiven landwirtschaftlichen Nutzung eignen sich diese Flächen nicht. In der Wengerau werden sie als Weidefläche vor und nach der Almzeit genutzt. Mittlerweile sind wir auf 1250 Meter angelangt und nähern uns dem Wald, durch den es in weiten Kehren aufwärts geht. Wir kommen am Johann-Stüdl-Denkmal vorbei, das an den aus Prag stammenden Alpinisten erinnert, der sich insbesondere um die Erschließung der Glockner- und Venedigergruppe verdient gemacht hat. So finanzierte er den Bau der später nach ihm benannten Hütte am Fuß des Glockner-Südwestgrats, auch „Stüdlgrat" genannt.

Unmittelbar nach dem Denkmal kommen wir an einer prekären Stelle vorbei, die vor Augen führt, was mit Böden passiert, in die der Mensch eingegriffen hat. Durch Abtragung der Vegetationsdecke kam es zur Plaikenbildung, die sich, sofern der Prozess nicht mit sanierenden Maßnahmen gestoppt wird, weiter nach oben „frisst". Plaiken können als kleine Erdrutsche beschrieben werden, wobei die Vegetationsdecke abgetragen wird und Wurzelstöcke freigelegt werden. Bei den sogenannten Viehgangeln, auf die im Folgenden hingewiesen wird, handelt es sich im Gegensatz dazu um eine Art Hangbefestigung. Weil die Tiere beim Weidegang immer wieder dieselben Wege benutzen, entstehen durch den Viehtritt förmlich kleine Terrassen. Dabei ist besonders interessant, dass diese ausgetretenen Pfade den Höhenlinien, auch Isohypsen genannt, entsprechen. Isohypsen sind Niveaulinien, die auf Landkarten Punkte gleicher Höhe verbinden. Der Almlehrpfad deckt sich anschließend mit dem Weg Nr. 21 und führt zuerst an der Sameralm und später an der Brandstätt-Alm vorbei. Während die Sameralm ab 1973 als Außenstelle des Instituts für Geographie der Universität Salzburg zu einer Forschungsstation ausgebaut wurde, wird die Brandstätt-Alm, auf deren Terrasse wir uns bei Käse und Speck stärken, als landwirtschaftlicher Betrieb geführt. Zwischen Brandstätt-Alm und Laubichlalm trifft der Wanderer auf ein weiteres Felssturzgebiet, das sich jedoch erst nach der letzten Eiszeit gebildet hat. Nahe bei der Laubichlalm ist eine

Almangerfläche ausgewiesen, an der eine durch regelmäßige Düngung veränderte Zusammensetzung der Vegetation beobachtet werden kann. Vom Schnapfenriedel geht es nach Querung des Larzenbachgrabens in südöstlicher Richtung weiter zur Frommer Niederalm, die im Besitz des österreichischen Bio-Bauernverbandes steht. Von den Frommer Almen führt der Weg in nordwestlicher Richtung hinauf zum Höhenweg und vorbei an den Brandlbergköpfen. Hier siegt die Aussicht auf die faszinierenden Panoramen über Detailbeobachtungen aus der Mikrostruktur heimischer Almlandschaften, und mögen sie noch so interessant sein. Gegen Norden zieht sich der Blick vom Gosaukamm über die Teufelskirche zur Gamsmutterwand, und gegen Süden hin streift der Blick von der Sonnblickgruppe im Osten über die Glocknergruppe bis zum Hochkönig. Über einen großen Bogen zieht sich der Weg anschließend zum Ursprung des Larzenbaches, wo es ein weiteres Mal um das Phänomen der Plaiken geht. Hier ist besondere Vorsicht geboten, denn es ist nicht erkennbar, ob die Vegetationsdecke einen Untergrund hat oder sich über einer Unterhöhlung befindet. Der letzte Abschnitt des Almlehrpfades führt über den Südhang vom Jochriedel zur Moosalm. Bevor wir wieder in die Almstraße einbiegen, finden wir eine Vegetation vor, die jedem Beerensammler das Herz aufgehen lässt, denn zu den zahlreichen Büschen auf dem ehemaligen Weideland zählen auch massenweise Heidelbeer- und Preiselbeersträucher.

Der Weg zurück nach Werfenweng führt parallel zur Lifttrasse zum Zaglauwinkl und von dort weiter in den Ort hinunter.

 Die Brandstätt-Alm liegt unterhalb der Tauernscharte auf 1575 Meter und inmitten der idyllischen Werfenwenger Almlandschaft. Die schöne Terrasse eignet sich bestens zum Ausruhen und Entspannen. Zur Stärkung werden Käse, Speck und Obstler kredenzt. Täglich geöffnet von Mitte Juni bis Ende September.

Brandstätt-Alm, Lampersbach 12, 5453 Werfenweng, Tel. 0664/2005150, lienbacher.brandstaett@gmx.at

Wenn in Bischofshofen am Dreikönigstag die Abenddämmerung hereinbricht, brandet der Applaus im Sepp-Bradl-Stadion immer heftiger auf. 30 000 sportbegeisterte Zuschauer und Fans können es kaum erwarten, dem Tageschampion und dem Sieger der Vierschanzentournee zuzujubeln. Möglichst weit und möglichst perfekt sollte der Sprung von der Paul-Außerleitner-Schanze sein, so wie der von Wolfgang Loitzl am Ende der Tournee 2009, als er 142,5 Meter sprang und ihm dabei im ersten Durchgang auch noch ein perfekter Sprung gelang. Damit wurde er Tagessieger. Nur wenn alles stimmt, wird die Höchstbewertung vergeben. In Bischofshofen erreichten von den österreichischen Springern bislang nur zwei Athleten diesen Olymp: Toni Innauer 1976 und Wolfgang Loitzl 2009.

Wie kam das Skispringen nach Bischofshofen? Die Sportart wurde wie das Skifahren in Norwegen entwickelt. Einer ihrer Pioniere war Sondre Norheim, der in Telemark, einer Provinz im Süden des Landes, aufgewachsen war. Er gilt als Erfinder der Telemark-Technik bei der Landung, die heute noch als Krönung eines gelungenen Sprungs gilt. Bei den ersten Olympischen Winterspielen 1924 in Chamonix, die ursprünglich nur als Internationale Wintersportwoche der Olympischen Sommerspiele 1924 firmierten, stand auch das Skispringen auf dem Programm. Nur vier Jahre später wurde in Bischofshofen die erste Schanze gebaut, die sogenannte Wasserfallschanze, auf der bereits Weiten bis zu 40 Metern gesprungen wurden. Nach dem Zweiten Weltkrieg wurde 1947 die Hochkönigschanze am Laideregg gebaut, auf der Bubi Bradl beim Eröffnungsspringen den Tagesrekord mit einer Weite von 86 Metern aufstellte. 2003 wurde die Schanze vergrößert und aus dem einstigen Naturstadion ein Skistadion, das seither als „Sepp-Bradl-Stadion" bekannt ist. Sepp Bradl, auch Bubi genannt, war einer der ersten großen Pioniere des Skispringens in Österreich. 1918 in Wasserburg am Inn geboren, kam er schon als Bub nach Salzburg und wurde, nachdem man sein Talent entdeckt hatte, von Peter Radacher, dem Pächter des Arthurhauses, unter die Fittiche genommen. Seinen größten Triumph feierte Bradl am 15. März 1936, als er in Planica im heutigen Slowenien als erster Athlet die 100-Meter-Marke übersprang. Zwei Jahre später verbesserte er diesen Rekord noch und sprang eine Weite von 107 Meter.

Mit Paul Außerleitner, der 1925 in Bischofshofen geboren wurde, rückte ein weiterer Pionier des Skispringens nach. 1948 wurde er Landesmeister in Radstadt und 1949 österreichischer Staatsmeister in Villach. Wie hoch Skispringen auch schon damals im Kurs stand, beweisen jene 10000 Zuschauer, die Außerleitner zujubelten, als er beim Zistelspringen auf dem Gaisberg mit 55 Metern den Schanzenrekord aufstellte. Der erfolgreiche Athlet war gleichzeitig Motor und Organisator für die Wiederbelebung des Skispringens in Bischofshofen. Ihm zu Ehren wurde die Hochkönigschanze in „Paul-Außerleitner-Schanze" umbenannt.

■ **WEITWANDERWEGE**

Arnoweg

Der Arnoweg, auf dessen Routen das Land Salzburg in seinen heutigen Grenzen um- und durchwandert werden kann, ist nach dem Salzburger Bischof Arn (etwa 740–821 n.Chr.) benannt. Der Weg wurde anlässlich des 1200-jährigen Jubiläums der Erzdiözese Salzburg angelegt. Im Jahr 798 n.Chr. wurde Bischof Arn auf Weisung Kaiser Karls des Großen zum Erzbischof erhoben. Die längste Variante des Weges, der über weite Strecken auf bereits vorhandenen Routen geführt wird, misst 1200 Kilometer. Im Rupertiwinkel sowie im Gebiet des Sonnblicks und des Großglockners verlässt er jeweils kurz den Salzburger Boden.

Zu beachten ist, dass der Arnoweg über weite Strecken durch hochalpine Regionen verläuft, die oftmals nur von erfahrenen Bergsteigern begangen werden können.

In den Pongau führt der Weg von Heiligenblut über den Hohen Sonnblick nach Böckstein und weiter nach Bad Gastein. Von dort geht es über den Gamskarkogel in das westlichste der Tauerntäler zum Talschluss nach Hüttschlag. Auf der anderen Seite des Tals setzt sich der Weg über Draugstein und Draugsteintörl zum Tappenkarsee am Talschluss des Kleinarltals fort. Über die Riedingscharte wird der Pongau in Richtung Lungau verlassen.

In den Schladminger Tauern kehrt der Weg über die Akarscharte in den Pongau zurück. Die nachfolgenden Abschnitte reichen vom Oberhüttensattel über die Seekarscharte nach Obertauern bzw. von der Vordergnadenalm über die Stubhöhe nach Zauchensee, von wo es über den Lackenkogel nach

Altenmarkt und Radstadt geht. Der Weg der nachfolgenden Etappe von Radstadt über den Roßbrand nach Filzmoos bleibt erstmals unter der 2000-Meter-Marke. Der letzte Abschnitt auf Pongauer Boden in den östlichen Kalkbergen führt von Filzmoos hinauf zum Dachstein-Rundwanderweg und bis zum Abstieg nach Annaberg-Lungötz. In den westlichen Kalkbergen gibt es Zustiege: in Werfen zum Arthurhaus und weiter nach Dienten.

Rupertiweg

Dieser insgesamt 600 Kilometer lange Weg ist wie der St.-Rupert-Pilgerweg nach dem heiligen Rupert, dem Salzburger Landespatron und früheren Bischof von Worms benannt. Als Abschnitt des Europäischen Fernwanderweges E 10, der vom finnischen Lappland bis in den Süden Spaniens, nach Andalusien, reicht, beginnt der Rupertiweg im Böhmerwald an der tschechischen Grenze und führt durch die Bundesländer Oberösterreich, Salzburg und Kärnten, wo er im Nassfeld in den Karnischen Alpen endet.

Im Pongau verläuft der Rupertiweg, der aus dem Rauriser Tal über die Seebachscharte nach Bad Hofgastein führt, von dort weiter ins Angertal und anschließend in südlicher Richtung – am Stubnerkogel westlich vorbei – zu den Bockhartseen und über den Mallnitzer Tauern nach Kärnten.

■ PILGERWEGE

St. Rupert Pilgerweg

Auf diesem Pilgerweg, der auf Anregung von Hermann Hinterhölzl, dem Hüttenwirt des Heinrich-Kiener-Hauses auf dem Hochgründeck, entstanden ist, wird auf den Spuren des Salzburger Landespatrons gewandert. Als Rupert vom Baiernherzog Theodo in die Welt hinausgeschickt wurde, um sich einen geeigneten Platz für seine Tätigkeiten zu suchen, kam er donauabwärts über Lorch ins heutige Oberösterreich, wanderte der Traun entlang und durch den Attergau, bis er schließlich Seekirchen am Wallersee erreichte, wo er sich für kurze Zeit niederließ. Sein Ziel fand er aber in Salzburg, wo noch Reste der romanischen Bevölkerung lebten. An der Stelle des heutigen Doms ließ er eine Kirche zu Ehren des heiligen Petrus errichten. Mit dem Ausbau des Klosters von St. Peter und der Gründung des Frauenklosters auf dem Nonnberg, heute das weltweit älteste ununterbrochen bestehende christliche Frauenkloster, setzte er sowohl bauliche wie spirituelle Meilensteine. Er wurde Salzburgs erster Bischof und zugleich der erste Abt von St. Peter. Vermutlich 650 n.Chr. in Worms am Rhein geboren und 718 höchstwahrscheinlich auch dort verstorben, wurden seine Gebeine auf Veranlassung von Bischof Virgil am 24. September 774 in die neu gebaute Basilika überführt. Damit kam der Rupertitag in den Kalender und Salzburg bekam seinen Landespatron.

Der insgesamt etwa 110 Kilometer lange Pilgerweg beginnt in St. Gilgen, im Salzburger Anteil des Salzkammerguts und führt über das 1993 gegründete Benediktinerkloster Gut Aich sowie über den Falkenstein nach St. Wolfgang und weiter nach Strobl. Von dort geht es über die Postalm ins nördliche Lammertal, wo der Weg im südlichen Teil an der Gemeindegrenze zwischen Annaberg-Lungötz und St. Martin am Tennengebirge Pongauer Boden erreicht. Von St. Martin wird in südlicher Richtung über die „Nasenrotte" und die Halmalm und anschließend weiter nach Süden entlang des Larzenbaches bis nach Hüttau und von dort durch den Igelsbachgraben auf das Hochgründeck gewandert. Über den Hofersattel geht es in westlicher Richtung hinunter zum Buchberg, vorbei am Missionshaus St. Rupert, einer Internatsschule, und über die Stegfeldbrücke abschließend zur

Stadtpfarrkirche St. Maximilian. Sie wurde über dem von Rupert 711/712 gegründeten Kloster, der Maximilianszelle, errichtet. In der Kirche ist eine Nachbildung des Rupertuskreuzes zu besichtigen. Beim Original handelt es sich um das größte erhaltene Metallkreuz aus dem 1. Jahrtausend, das vermutlich von Virgil im 8. Jahrhundert nach Salzburg gebracht wurde.

Leonhardsweg
Der Weg wurde von der St. Leonhard Erzbruderschaft 2008 ins Leben gerufen – zum einen, um die Tradition der Wallfahrt wieder aufleben zu lassen, zum andern um die umfangreichen Renovierungs- und Sanierungsmaßnahmen der spätgotischen Kirche zu unterstützen.

Der in der Stadt Salzburg beginnende Pilgerweg führt über Bad Vigaun und Annaberg-Lungötz in den Pongau, wo über Filzmoos nach Forstau und anschließend auf den Oberhüttensattel gewandert wird. Auf der Südseite der Niederen Tauern geht der Weg im Lungau entlang der Longa durch das Weißpriachtal nach Mariapfarr und weiter nach Tamsweg und von dort auf einen Vorhügel des Schwarzenbergs, wo das Wahrzeichen von Tamsweg steht.

■ RADWEGE

Tauernradweg
Vom Ausgangspunkt des Tauernradweges in Krimml im Oberpinzgau aus gibt es zwei Varianten: Die eine führt als Rundstrecke in die Stadt Salzburg und wieder zurück, wobei sie wahlweise entlang der Salzach oder der Saalach gefahren werden kann. Die zweite Variante geht ausschließlich an der Salzach entlang und führt bis zur Mündung in den Inn und weiter bis Passau. Für beide Varianten verläuft der Abschnitt durch den Pongau von der Bezirksgrenze bei Lend über Schwarzach, St. Johann und Bischofshofen bis Werfen und weiter zum Pass Lueg.

Ennsradweg

Wo die noch sehr junge Enns bei Ennslehen in Flachauwinkl im Tal ankommt, beginnt auch der Ennsradweg, der auf seiner Strecke zuerst durch den Ennspongau führt. Anschließend geht es auf steirischem Boden bis Admont und weiter durch das Gesäuse. In Oberösterreich führt der Weg durch den Nationalpark Kalkalpen und danach über Steyr nach Enns und zur Mündung in die Donau.

Im Pongau beschränkt sich die Route auf den etwa 25 Kilometer langen Weg von Flachauwinkl über Altenmarkt und Radstadt zum Mandlingpass.

Donau-Alpen-Adria-Radpilgerweg

Dieser Radpilgerweg orientiert sich an wichtigen Orten der Marienverehrung im Großraum Donau – Alpen – Adria. Er entstand auf Anregung des Großgmainer Pfarrers Herbert J. Schmatzberger und umfasst insgesamt 580 Kilometer und im Bundesland Salzburg Orte wie Maria Bühel, Großgmain, Altenmarkt, die ehemalige Mutterpfarre des Ennspongaus, sowie Mariapfarr im Lungau.

Durch den Pongau erstreckt sich dieser Radweg vom Pass Lueg mit der kleinen, 1763 erbauten Wallfahrtskirche Maria Brunneck über Werfen, Hüttau, Eben, Altenmarkt, Radstadt, Untertauern und Radstädter Tauern, wo mitten durch den Ort die Grenze zum Lungau verläuft.

Liebe Leserin! Lieber Leser!

Gefällt Ihnen dieses Buch? Ergänzungs-
vorschläge, Wünsche und Kritik nimmt
der Verlag gerne entgegen.

Wenn Sie sich für die weiteren Bände
interessieren, können Sie diese (auch
schon im Voraus) unter 0662 87 35 07-56
oder buch@spv-verlage.at bestellen.

Band 1: Flachgau (bereits erschienen)
Band 2: Pinzgau (bereits erschienen)
Band 3: Lungau (bereits erschienen)
Band 4: Pongau
Band 5: Tennengau (Herbst 2012)

Register und Abkürzungsverzeichnis

Abkürzungen

hm	Höhenmeter
h	Stunden
 🚲	Radwanderung
🔍	Spezialtipp in der Region